爸爸使用说明

〔日〕太田敏正 著

〔日〕糕糕子 绘

王博 译

深圳出版社

图书在版编目（CIP）数据

爸爸使用说明 / （日）太田敏正著；（日）糕糕子绘；王博译 . -- 深圳：深圳出版社，2025.3. -- ISBN 978-7-5507-4081-5

Ⅰ . I313.85

中国国家版本馆 CIP 数据核字第 2024VY1601 号

爸 爸 使 用 说 明

BABA SHIYONG SHUOMING

出 品 人　聂雄前
责任编辑　何　滢
责任校对　万妮霞
责任技编　梁立新
装帧设计　焦泽亮

出版发行　深圳出版社
地　　址　深圳市彩田南路海天综合大厦（518033）
网　　址　www.htph.com.cn
订购电话　0755-83460239（邮购、团购）
印　　刷　深圳市华信图文印务有限公司
开　　本　787mm×1092mm　1/32
印　　张　5.75
字　　数　88 千
版　　次　2025 年 3 月第 1 版
印　　次　2025 年 3 月第 1 次
定　　价　48.00 元

前　言

　　"按理说应该是夫妻一起养育孩子，但现实却和想象有所出入。"有些妈妈被隐形的压力所缠绕，有些妈妈则挣扎着想要防患于未然。为此，我写下这本书，总结出一些希望她们去尝试的**方便法门**。

　　因为实在太过重要，所以我想要再强调一遍，整本书其实都是一种方便法门。

　　"方便法门"这个词，有类似"为了某种目的而使用的便利手段""为了引导人们理解真理而创造的教诲"等解释。这个词原本是佛教用语，指的是与不尽如人意的现实和解的一种智慧。就像有人会说，"有时候说谎也是一种方便法门"。

就常理而言，即便妻子不特意去使用这些"方便法门"，丈夫也理所应当负有抚养孩子的义务。但现实往往不尽如人意，而且我们也没有足够的时间和精力去改变现实，此时我的建议是：**何不试着改变一下对现实的看法呢？**

有意识地改变对事物的看法，这在心理学上被称为"重塑"。其实本书的内容有很大一部分都是对心理咨询师频繁使用的技巧的一种应用。（我原本持有心理咨询师证书，经营一家名为"爸爸的烦恼倾诉街"的在线咨询室长达十年，但不小心证书失效，就没有继续运营了。）

本书所写的内容，简而言之，就是向妈妈们讲述如何将丈夫改造成全自动育儿机器人，充分发挥其功能的方法。你想，无论你买的全自动洗衣机有多么高级的功能，或者买了扫地机器人这样智能的吸尘器，如果你只会按电源按钮，其实是无法高效使用其全部功能的。

当然，也时常有人批评我，"把人类比作机器人真是太不像话了"，但这其实也只是一种权宜之计。

　　有人说，如果站在很多人面前讲话时感到十分紧张的话，把观众们都当作南瓜就好了。同理，当现实不尽如人意时，我们可以尝试改变观察现实的角度，这何尝不是一种改变现实的智慧呢？

　　话虽如此，也有人随手翻了翻本书之后，觉得"为什么一定要搞得这么复杂"，反而越来越烦躁。如果你也是这样的话，直接把书合上就好。很多时候我们的确连使用这些权宜之计的余裕都没有，这时如果直截了当地对丈夫说"开什么玩笑！你也应该好好带孩子啊"，很多丈夫也是可以理解的。甚至可以说，这其实也是一种健康的沟通方式。

但是，如果你看完后觉得"哇，这个视角好新颖！这样的探讨可能真的会改变我老公"，那么你便尽可能地去尝试使用这些方法吧。

因为这点实在太过重要，所以在此我还是想再强调一遍。那就是，本书提供的只是权宜之计。

虽说这些权宜之计或许能让事情变得更加顺利，但请记住，这绝不是要把爸爸当成真正的机器人。不管是爸爸还是妈妈，同为父母，理应拥有相同的地位。妻子将丈夫玩弄于股掌之中的不平衡关系，也很难长久。归根结底，本书充其量不过是改变当下现实的一个契机罢了。

我们当然可以利用本书来消解日积月累的压力，但另一方面也请记住，真正平等的夫妻关系，需要经历漫长的时间才能构建达成。虽然我们都知道，这绝非一朝一夕就能做到的事情，但作为人生伴侣的夫妻之间，能看到彼此的关系日渐成熟，这就像见证孩子成长一样，是一件值得高兴的事。

希望大家的育儿生活，能比现在更加幸福安稳。

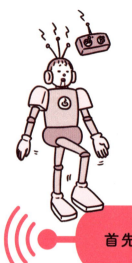

首先，搞清楚爸爸的类型！

　　爸爸也分为各种不同的类型，所以我们首先要弄清楚您家里的爸爸属于哪种类型。我将爸爸大致分为五个类型，大家可以参考"爸爸配型表"来看看自家爸爸是属于哪种类型。

判 定 方 法

　　要想和您家里的爸爸匹配上，首先要回答下面十个问题，选择"的确如此""并非如此"或者"两者皆否"，然后按照回答依次加上诊断表格中A~E项目的数值。

　　A~E中分数最高的那个就是您家里爸爸所属的类型。如果有多个项目的分值并列第一，说明这位爸爸是拥有多种特征的复合型爸爸。

爸爸配型表

Q1 比起听别人的安排（听命于他人），更喜欢使唤别人

Q2 无法对流浪猫狗置之不理

Q3 在买东西之前一定会仔细比价

Q4 经常会说"真棒""太厉害啦"之类的话

Q5 要是问他"想吃什么"，一定会回答说"都行"

Q6 喜欢"边界""道理"这些词

Q7 擅长夸奖别人

Q8 偏好"合理的""逻辑的"这些词

Q9 总是在寻找快乐的事情

Q10 往往很在意别人的看法

第45页开始将对各个类型进行详细说明，快去看看吧！

	的确如此	两者皆否	并非如此
→	3	2	1
→	3	2	1
→	3	2	1
→	3	2	1
→	3	2	1
→	3	2	1
→	3	2	1
→	3	2	1
→	3	2	1
→	3	2	1

诊 断

A (Q1+Q6) = ☐ → 墨守成规的严父类型

B (Q2+Q7) = ☐ → 极具母性气质，宛如第二个妈妈的类型

C (Q3+Q8) = ☐ → 沉着冷静的计算机类型

D (Q4+Q9) = ☐ → 天真烂漫的淘气鬼类型

E (Q5+Q10) = ☐ → 温顺沉默的乖孩子类型

第

1

章

爸爸的功能与特征

确定爸爸的能力范围与职责

第
2
章

爸爸的开机方法

唤醒身为爸爸的自觉

这么多种啊……

第 3 章

爸爸的类型

性格不同，功能和使用方法也不同

好厉害！

第

5

章

是不是故障了？

处理失控、逃避等问题的方法

第 **6** 章

日常保养

夫妻平等的陷阱及应对方法

爸爸的
功能与特征

确定爸爸的能力范围与
职责

除了"分泌母乳"，爸爸无所不能

　　逛超市和商场的时候，稍微瞥一眼育儿角就可以看到各式各样的育儿产品，比如说非常方便的宝宝背带、让孩子不知不觉间沉沉睡去的婴儿摇椅，等等。再看看家电，全自动洗衣机和洗碗机就不用说了，扫地机器人也开始走进千家万户。

　　确实，只要能熟练使用这些功能各异的产品，或多或少都能减轻妈妈们的负担。而在这些产品之中，我最想向大家推荐的，就是"**爸爸机器人**"（简称"爸爸"）。虽说他们身高、体重以及外观各不相同，但基本都具备以下功能。

爸爸的功能

1 除了分泌母乳之外无所不能！

2 可以帮妈妈解压！

❸ 还可以赚钱！

❹ 燃料就是米饭、孩子的笑脸还有妈妈的爱！

如果能熟练使用这些功能，什么洗碗机、扫地机器人统统可以下岗。不管是喂奶、换尿布还是哄睡觉，爸爸都是全自动的，要是随意丢给公司，或者顺手扔在地毯角落的话，未免太过浪费。

虽说如此，出乎意料的是，真正能熟练使用爸爸的妈妈其实少之又少。究其原因，是妈妈们一直都缺少一份"爸爸使用说明书"。

现在不用担心了！只要读了这本书，很快就能掌握爸爸的正确使用方法。不过也要注意，无论爸爸看上去是不是一副没心没肺的样子，其实内心都非常纤细敏感，所以使用时也需要多加注意。

使用爸爸时的注意事项

1. 疲惫后动作会变迟缓。
2. 燃料不足就会停止运转。
3. 偶尔也会有小脾气。
4. 如果缺少适当的娱乐，可能会导致故障。

关于上述注意事项，接下来将会进行更为详细的解说。

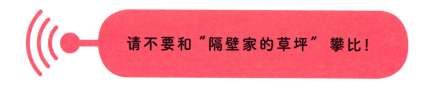

请不要和"隔壁家的草坪"攀比！

在这份"说明书"中，还讲解了如何让爸爸充分发挥出作为丈夫、作为父亲这些功能的方法。

说起来，你心目中"理想的爸爸"是什么样的呢？

"理想爸爸"的必备条件?

☐ 不仅工作踏实,能好好赚钱养家,还会尽早回家。

☐ 能主动做家务、带孩子。

☐ 自己不会发牢骚,但无论妈妈怎么抱怨都能耐心倾听。

☐ 会经常陪孩子玩,但也不会因此忽略对妈妈的贴心呵护。

☐ 偶尔也会很严厉地批评孩子,但绝不会对妈妈说一句重话。

☐ 恰到好处的时尚帅气,但对妈妈以外的人看都不看一眼。

如果真有这种男人的话,我都想和他结婚!但怎么可能呢?

要是像这样一下子把标准提升到地狱难度的话,爸爸很可能会大受打击,以致自信全无,完全提不起干劲。

各位妈妈想象一下，假设爸爸斜躺在沙发上看完一部制作精良的关于年轻艺人妈妈的生活纪实综艺节目后，转过头来，一边用像是在对比的目光看着你，一边唉声叹气。你会怎么想呢？怕不是干掉他的心都有了。

同样，当看到你拿自己跟理想中的爸爸比较并深深叹了一口气之后还能干劲十足的爸爸，应该是不存在的。

速冻比萨也不错！

现在我们来玩一个问答小游戏。位于北欧的挪威在男女平等方面领先世界，据说那里比萨的消费量世界第一。你知道为什么吗？

答案就是：因为速冻比萨是挪威爸爸们的固定菜式。

挪威以男女平等实现程度居世界前列而闻名。无论男女，在职场上都不会有所偏倚，育儿及家务也是如此。那么，挪威的男人们是不是每天都会给家人做可口的晚餐呢？答案是否定的，因为他们觉得那样太过麻烦，所以速冻比萨成为固定菜式。

比利时的情况也与之类似。妻子常在外面夸奖丈夫："我老公每天都会给我们做美味的晚餐哦。"但你要是问做的是什么菜，她就会告诉你：煮的意面，然后加点外面买的酱汁，每次加的酱汁还不一样呢。

有的妈妈可能会觉得，只不过是把速冻比萨放微波炉里"叮"一下，或者煮点意面什么的，"就这？我老公也会！"在日本，要是说出"会做菜"这样的话，那基本上就是指能够同时做好几道比较复杂的大菜。但是，在这些被称为男女平等"先进"的国家，这一标准好像异常地低。

正如方才所说，那种什么都好的理想爸爸现实生活中根本不存在。不仅限于日本，**那些男女平等先进国家的爸爸们，水平也只是这种程度而已**。希望借此机会能让更多的人了解这一现实情况。

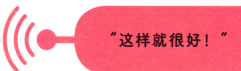

"这样就很好！"

"奶爸"这个词在 2010 年入选了日本流行语。

如果一个人自称"帅哥"，多多少少都显得有些滑稽，自称"奶爸"也是如此。

就算大家都认为你是"帅哥"，但你喜欢的女孩子不这么想的话，就没有意义。同样地，就算所有人都认为你是"奶爸"，但如果你的妻子和孩子都没觉得你在"育儿"，那有什么意义呢？反过来，就算你没做什么了不得的事情，但只要你的妻子和孩子能感受到你确实有在好好"育儿"，那你就是正宗"奶爸"！

也就是说，能够评判一个人是不是正宗"奶爸"的，只有他的家人，别人说的都不算。

硬要说的话，"对妻子而言，什么样的丈夫才是理想的丈夫呢""对孩子而言，什么样的爸爸才是理想的爸爸呢"。为了理解这一点而进行沟通，并努力去做到，哪怕不完美，但只要朝着这个目标去努力，就一定能获得妻子和孩子的认同。在我看来，这才是衡量"奶爸"的标准。

　　2008 年 ORICON（日本的一个公信榜单）发起过一项调查，即"动漫中的理想父亲"。第一名是"傻鹏爸爸"（出自动漫《深夜！天才傻鹏》）。无论什么时候，他都会说"这样不就挺好的嘛"，感觉做什么都没问题。这就是所谓的"**自我认同感**"。

　　眼看着父亲失去自信变得卑微，对孩子而言无疑是种非常痛苦的体验。即便头发逐渐稀少，啤酒肚日益隆起，穿衣打扮老土得要命，收入更是愈发微薄，也只希望他能够堂堂正正，保持开心就好。这难道不是孩子对父亲最大的心愿吗？

　　不仅是父亲，对母亲其实也是一样。如果父母能够抱着"人生是快乐的，虽然有波折，但我们的生活都是有价值的"这样的想法，每天都乐观坚强地生活，那么孩子们自然也就可以抱着"人生是快乐的，虽然有波折，但我们的生活都是有价值的"这样的观念长大成人。

　　父母向孩子们传达正确的生活方式时所用的那些无法诉诸语言的信息，都将成为孩子们走向自立的基础，让孩子们能够拥有独立生活所必需的"活下去的力量"。这难道不正是最高级的育儿方式吗?

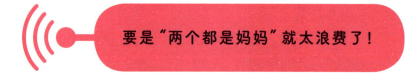

要是"两个都是妈妈"就太浪费了！

　　"男性也要承担育儿责任！"的呼声愈发高涨。这一情况的出现，与日本家庭模式的变化有着密不可分的关系。

　　当下核心家庭情况日益严峻，但在以前的大家庭里，家里人多得很，看看右边的图你就可以明白这一点。孩子身边往往围着很多人。不同的人都发挥着不同的作用，给孩子展示截然不同的价值观，在错综复杂的人际关系中，孩子被养育成人。

　　看看《海螺小姐》和《樱桃小丸子》里的家庭关系就明白了。就算被妈妈狠狠地骂了一顿，还会有爷爷奶奶过来给你好吃的哄着你；兄弟姐妹和附近的淘气包们还会教你怎么恶作剧，以及怎么和人打架；就算爸爸说"不行"，友藏爷爷也会偷偷说"可以哦"；

过去

妈妈　爸爸

兄弟姐妹　　爷爷

孩子

阿姨　　奶奶

叔叔　保姆

现代

妈妈　孩子

就算鳕夫（海螺小姐的儿子）说行，鲣男（海螺小姐的弟弟）也会拒绝……矛盾与纠葛随处可见。各种各样的价值观交织出辽阔的空间，让孩子在其中得到成长。

但是到了现代社会，日益普遍的核心家庭就如前文图中所示。特别是对于全职妈妈家庭而言，妈妈和孩子在两室一厅的公寓里，几乎 24 小时都共处一室。对这种环境下的孩子而言，妈妈的价值观就是世界的全部，也就不再拥有那么广阔的成长空间了。

如果妈妈一个人能扮演好几个角色就好了，但无论哪个时代，单是完成自古以来一直就由妈妈负责的事情就已经很忙了。而为了孩子的成长，原本应该要从侧面提供支持的那些角色应该由谁来扮演呢？

是的，轮到爸爸出场了。

但是，如果爸爸只是妈妈的复制机器人，跟妈妈承担完全相同的任务的话，其实围绕着孩子的角色还是只有妈妈一个而已。

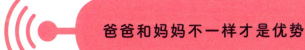

爸爸和妈妈不一样才是优势

切忌把爸爸当成妈妈的复制机器人，或者是完全按照妈妈命令运转的机器人，而应该将其视作**一种采用与妈妈不同的角度养育孩子的自律型机器人**。

而且，当爸爸们觉醒了自律型机器人的属性后，他们育儿和做家务的方式往往与妈妈们有所差别。不，应该说是截然不同。别说方式不同了，甚至可能会让你产生"如果你要这样的话，还不如别帮我做""这件事你还是别干了"之类的想法，并且一直萦绕在你脑海中，这一点希望各位妈妈能提前做好心理准备。

比如，当孩子走向炉火时，如果妈妈在身边的话，通常会在孩子踏出第一步的瞬间把孩子拽回来，然后提醒说"很危险！"而爸爸则大多会在旁边默默守着。父母的反应完全不同。这种情况下，妈妈保护孩子远离危险，告诉他要防患于未然；而爸爸则告诉他，我们可以从失败中学到很多。当然也存在许多不同的夫妻模式，有时候粗枝大叶的是妈妈，认真细致、承担着防止孩子受到伤害这一任务的反而是爸爸。

所谓夫妻，就要像凸面与凹面一样刚好能互补吻合。在彼此陷入爱河的那一瞬间，其实就已经无意识地做出了选择。

无论如何，**妈妈与爸爸的行为方式之间必须要有所差异，这样才能创造出空间来对孩子进行深度培养**。"做事情的方式有时候像爸爸，有时候像妈妈"，孩子就这样在日复一日的平常生活中，逐渐掌握了自己独有的生活方式。

　　这么一想，是不是就算爸爸没有按自己的想法去做事，也突然觉得可以原谅他了呢？妈妈感受到你确实有在好好"育儿"，那你就是正宗"奶爸"。

　　也就是说，能够评判一个人是否能称为合格"奶爸"的，并不是其他人，而是他的家人。

第 2 章

爸爸的
开机方法

唤醒身为爸爸的
自觉

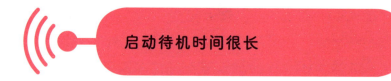

启动待机时间很长

　　脑子知道自己当了父亲；全身上下的所有细胞都明白自己当了父亲；不需要经过大脑，下意识就能自然而然地做出身为父亲应有的行为——这三者其实是截然不同的。这也就意味着，**从打开开关到真正启动，其实是存在一定的时差的**。

　　实际上，男人往往是在与孩子的接触中，才逐渐意识到自己当了父亲。但这个过程要花三个月、半年还是一年，就因人而异了。

　　事实上，如果问爸爸们第一次切身感觉到自己当了父亲的瞬间是什么时候，会听到各种各样的回答。"陪老婆去产检，看到 B 超图像时流泪了"，这样回答的爸爸超级优秀，"老婆生孩子陪在旁边的时候""第一次抱孩子的时候"等回答也很棒。

也有不少人是在"孩子对别人很认生，对我却很亲热的时候""孩子叫我'爸爸'的时候"。妈妈们听到后不免觉得，"要花这么长的时间吗？！"

那么本章便来教教妈妈们，怎样尽可能地减少爸爸们的启动待机时间。

"时差"造成夫妻间的鸿沟

男性往往是在突如其来的某一天，听到老婆说"我好像怀孕了"，然后基于这一事实而成为父亲。

在过去那种大家族或与长辈们同住的社会中，可以参考身边那些已经成为父亲的前辈们的经验，从而有机会明白"原来父亲应该这么做"。但在现代的核心家庭中，这种机会几乎是可遇不可求了。

没有人教，也没有教科书，更没有可以效仿的对象。这种情况对作为母亲的女性而言也是相同的。但是，女性可以切身感受到肚子里的宝宝，一边为孩子补充更多的营养，一边奉献自己的血肉，能从身体上感受到逐渐成为母亲的过程。与之相比，男性缺少能够切实感知到自己已经是父亲的机会。

妈妈作为母亲的身份意识觉醒的时机，跟爸爸意识到自己成为父亲的时机，这两者时差越大，夫妻间意识上的鸿沟便拉开得越大。如果这个鸿沟太大，便会演变成"你呀，有没有身为父亲的自觉呀"这种结果。夫妻关系变得糟糕，爸爸开关就更难以打开。

所以，**最重要的是尽早让他具备身为父亲的自觉**。

真的有爸爸开关！

一般来说，我们都认为女性是一边感受着身体的变化一边成为母亲的，但成为父亲并不会让男性的身体产生任何变化。不过，相关研究表明，男性成为父亲后，其大脑很有可能也会发生一些生理性的变化。所谓的"爸爸开关"可能并不仅仅是一个比喻，而是真实存在的。

卡尔加里大学的神经学学者于 2010 年发布了一项研究结果，通过对老鼠进行实验，发现孩子诞生后，鼠爸爸的大脑生成了大量的神经细胞，荷尔蒙也产生了变化。该现象产生的原因，至今仍未得到解答。研究者称，这可能是为了获得识别自己孩子的能力。

这里有个很重要的条件：鼠爸爸获得新的脑细胞，仅限于和孩子一起待在巢穴的时候。如果鼠宝宝出生的那天鼠爸爸不在家的话，鼠爸爸的大脑就不会发生任何变化。这也就意味着，如果是回娘家生孩子，在妈妈产后爸爸立刻就离开孩子的话，爸爸开关是不会开启的。这个问题非常重要！

用五官去感受孩子，大脑会产生变化！

根据各类实验的结果，研究者终于探明，只有同时满足嗅过孩子的气味、触碰过孩子的身体这两个条件，鼠爸爸的大脑中才会产生新的脑细胞。老鼠的鼻子很灵敏，所以凭借气味和身体接触就足够。对于人类而言，视觉和听觉同样也非常关键。

也就是说，只是身份上成为父亲是完全不够的，作为父亲必须要多和孩子接触，只有这样，作为父亲的一面才能真正觉醒。

在采访了许多人之后，我一直在各种育儿演讲会上讲述我的理念，"父亲的职责中最难的并非思考，与孩子们的互相接触才是最重要的"，在脑科学方面也是如此。

因此，为了开启爸爸开关，比起从理论上唤醒自觉，不如让爸爸和孩子多亲近亲近，这一点更为重要。

特别是一定要让爸爸多抱抱孩子，多闻闻孩子的味道，多与孩子进行眼神交流，多听听孩子的哭声，尽可能早地去让爸爸的五感充分感知孩子的存在。

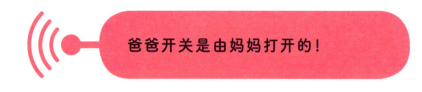

爸爸开关是由妈妈打开的！

　　此外，2013 年金泽大学研究脑细胞遗传基因的学者发表了一篇研究报告。报告称，鼠妈妈很有可能具备某种能力，可以唤醒鼠爸爸作为父亲的自觉。

　　在鼠宝宝出生后，比起立刻将鼠爸爸单独分开，将鼠爸爸、鼠妈妈安置在一起的情况下更能激发鼠爸爸的育儿热情。实验团队推测，鼠妈妈很有可能是通过信息素以及超声波等手段来向鼠爸爸传达育儿的重要性等信息。

成为爸爸后，男性荷尔蒙会急剧降低

2011 年，美国西北大学（Northwestern University）的人类学学者以人类男性为对象，进行了一项研究。研究结果表明，成为父亲后，睾酮这种男性荷尔蒙的分泌量会急速下降。

所谓的睾酮，在肉体方面可以促进肌肉及体毛的生长，在精神方面则会使人更具攻击性和冲动性，是一种被称为"男人味"源泉的荷尔蒙。睾酮与对异性的兴趣及性欲有着非常强烈的关系。也就是说，**打开爸爸开关，并不仅仅是希望唤起他育儿的热情，还期待他能完善自己的个性，不再过多关注其他的异性**。

除此之外，更为重要的是，荷尔蒙分泌情况的改变，其实也是在以某种形式将自己已经成为父亲这一事实，通过逻辑之外的肉体上的感知传达出去。

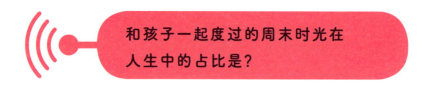

和孩子一起度过的周末时光在人生中的占比是？

如果爸爸能主动地和孩子黏在一起，自然对妈妈也有帮助，但想要达到这种程度，的确难度不小。

有些爸爸固执地认为："没什么我能做的，育儿肯定是妈妈的责任啊！"别说作为父亲的自觉了，甚至对育儿没有一丝热情。对于这样的爸爸，请你在周日向他提出以下问题。

"孩子一喊'爸爸'就会毫不犹豫地去抱他，这样的情况到孩子上小学后就很少出现了。假设在孩子六岁之前，每个周日你都和孩子一起度过，你觉得这些时间在你全部的人生之中能占到百分之几呢？"

答案是，只有 1% 左右。到孩子 6 岁为止，大概有 300 个周日。而人的一生大概有三万天，折算下来，陪伴孩子的时间居然只有 1% 左右。

然后你就可以对他说："亲爱的，这些时间可是非常宝贵的啊。"请注意，一定要一脸幸福地轻声细语地说哦，重点就在于"一脸幸福"。

"明明只有这么点时间，为什么你还……"如果把这种真心话直白地说出来的话，丈夫马上就会还嘴说"因为……"，结果只会加深彼此的隔阂。

"育儿要把握当下"，这一点相信爸爸们在概念上都能够理解。但是实际上只有看到了"1%"这样极端的数字之后，才能真正从心底涌现出"真的很珍贵"的真情实感。

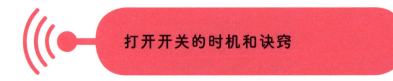

打开开关的时机和诀窍

如果你正好在怀孕期间读到这本使用手册，那真是太幸运了。这代表着你有充足的时间，夫妇二人可以不慌不忙地慢慢成为父亲、母亲。不过，即使孩子已经不小了，但只要你能抱着"哪怕从现在开始也行，希望我家爸爸可以多努力一点"这样的想法，这本书也一定会对你有所帮助。

因此，从这里开始，将会分别讲述在孕期、产后、婴儿期、幼儿期这四个时期开启爸爸开关的诀窍。

孕期　讨论将来

女性在怀孕过程中，会慢慢体会到自己身为母亲这一事实。而在妻子怀孕时就能自己觉醒父亲属性的男性则少之又少。所以，如果在孕期放任这种情况什么都不做的话，未免有些太可惜了。**我建议在怀孕时，两个人最好一起讨论将来的事情**：

1 孩子出生后，要怎么互相称呼？

2 餐桌的位置要怎么坐？睡觉又怎么安排？

3 如何把握工作与生活之间的平衡？

4 家务该如何分担？爸爸能做什么？

5 和爷爷奶奶该保持怎样的距离？

6 要跟孩子一起做些什么事情？

7 将来想培养出什么样的孩子？

8 我们家的规矩、教育方针是什么？

9 无论如何都想要传达给孩子的事情是？

10 育儿告一段落后，夫妻一起去做些什么？

诸如此类，数不胜数。就当是锻炼自己的想象力吧！

像这样不断地去设想将来的事，就能够更早地沉浸到身为父母的氛围之中。爸爸也会渐渐进入状态，然后顺利地开启爸爸开关。想象育儿告一段落之后的生活，会让育儿变成某种"限时特惠"活动。这样一来，爸爸开关也更容易打开。

对具体的问题，两个人的意见也许会有分歧。比如，妈妈可能想给孩子一个轻松愉快的环境，而爸爸却想要严加管教。

当产生意见分歧时，重点是千万不要"嗯，那就这样吧"，强迫自己妥协。如果勉强妥协，可能就会演变成日后争执的源头。

当遇到这种状况时，彼此之间应该努力做到互相理解。"啊，原来你是这样想的呀！真是没想到！现在知道了真是太好了"，这种说法更合适。等到孩子长大之后，一旦这类想法上的分歧显露出来，大都会演变成夫妻间的漫长争执，但如果是当下的话，还是能妥善处理的。

在第 6 章将对这一点进行详细说明，像这样分享彼此的想法，在下意识中相互理解，便是夫妻相处的奥秘所在。怀孕期间尽可能多地交换意见，也能够减少夫妻间日后可能会发生的争吵。

 产后 再靠不住都要＂靠＂

生产后，妈妈的身心都处于筋疲力尽的状态，有些人甚至还会出现＂产后抑郁症＂。恢复因生孩子而消耗的体力需要一段时间，加上还没习惯照顾孩子，每天都手忙脚乱到不可开交。＂不管是谁，来个人帮帮忙就好了＂，这个时候，不如就先**试着用用爸爸吧！**

人真是很不可思议的生物，越是忙得不可开交越是不愿意找人帮忙，什么都想要自己一手包办。因为已经累到没有跟人沟通的余力了，这种情况在工作上也时常发生。

　　正是出于这个原因，就算这时爸爸就在身边，妈妈也不懂得怎样去"使唤"。不仅如此，当爸爸出手帮忙时，有些妈妈还会怒吼"不是这样弄！别多管闲事！"这么一来，不仅不能开启爸爸开关，恐怕还会把开关搞坏。

　　的确，自己动手肯定能更快做好，但一直这样下去只会苦了自己。所以，有时候也要找个地方让自己平静一下，孩子的事就先交给爸爸去处理吧。妈妈大多会觉得爸爸靠不住，但能不能先退一步在旁边看着呢？这是关乎能否开启爸爸开关的关键。

　　大多数的男性，并不会觉得被人依赖是件不愉快的事情。如果有人跟他说"这件事只能靠你了"，他甚至还会觉得"啊，这样啊"，心中窃喜不已。哪怕超出了自己的能力范围，也会开开心心地去尝试挑战。

总会有想要责怪几句的时候，但一定要试着忍耐下来，把它们换成"不愧是你！谢谢！"这样的话。悄悄地告诉你，说这种话的时候不是真心实意也没关系。

"孩子跟妈妈只要没有我在就不行呐……"一旦给他这种错觉，就跟打开了开关是一样的。新成员到来之后，爸爸在新的家庭关系中找到自己的立足之处，就会积极地去带孩子、做家务。

婴儿期 让他们有肢体接触

多让爸爸积累对于孩子的五感体验。用五官去感受孩子，就如同形成新的脑细胞一样，会给予爸爸强烈的冲击。举例来说，爸爸抱着孩子的时候，你可以对孩子说"啊，妈妈抱你的时候可不是这样的表情哦，怎么宝宝看上去这么开心"诸如此类的话。如果能适时说一些能够让爸爸感受到与孩子的羁绊的话语就完美了，此时的**小小谎言也是无可奈何的权宜之计**罢了。

虽然只是一些很普通的事情，但因为是第一次体验，所以爸爸很容易觉得"原来宝宝被我抱着就会这么开心呀"。这样一来，爸爸的大脑与内心的开关都会打开。多进行一点肢体接触，孩子也会更早习惯爸爸的存在，这样也能减轻妈妈的负担。

 4 幼 儿 期 让 爸 爸 成 为 英 雄

在孩子的婴儿时期，爸爸往往很难找到自己能做的事情。而随着孩子的成长，到了幼儿时期，能陪孩子一起做的事情就多了不少，这个时候，爸爸就能真切地感受到育儿的乐趣了。

然而，与婴儿期不同的是，孩子会开始依照自己的意志来行动。若是讨厌爸爸的话，就不会想要亲近爸爸。如果演变成这样，那就糟糕了。所以不仅要激发爸爸的热情，同时还得努力让孩子也喜欢上爸爸。

相反地，如果孩子进入"最喜欢爸爸！"的状态之中，就算是迫于无奈，爸爸也会开启爸爸开关。所以，一边要提升爸爸的热情，一边还要让孩子进入"最喜欢爸爸！"的状态之中。在这种情况下，**让爸爸成为英雄**无疑是最佳方式了。

多对孩子说"爸爸是正义的伙伴""爸爸最讨厌别人做坏事""爸爸是个很温柔的人，遇到有困难的人一定会去帮助""爸爸会保护妈妈"等吹捧爸爸的话，孩子会立刻成为爸爸的粉丝。当然，让爸爸也听到这些恭维话就更好了。

当爸爸意识到自己成为孩子心中的英雄时，就会想要在孩子面前当个帅气的父亲，觉得自己决不能轻易破坏这一形象。当然，有时也可能会过于得意忘形而惹妈妈生气，这个时候就请睁一只眼闭一只眼吧。

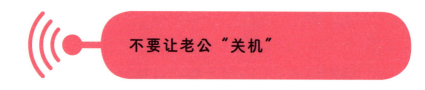

不要让老公"关机"

当爸爸真正打开爸爸开关，可真是谢天谢地的大喜事。但这个时候有一点需要格外注意。当"父亲"意识爆棚时，与此相对，作为"丈夫"的意识就会减弱。在这一点上，妈妈也是一样。当了妈妈之后，就很容易忽视自己作为妻子的一面。

爸爸必须同时是父亲，是丈夫，是男人。如果爸爸成为百分百的父亲，夫妻关系反而会开始出现裂痕。爸爸会逐渐忘记怎么把妈妈当成一个女人来对待，而仅仅是把她视为育儿的搭档。身为男性的自觉也随之减弱，渐渐地，那种想要让妻子永远对自己保持爱慕的男人的欲望也会一点点烟消云散，只要听到孩子亲密地喊着"爸爸"就已经十分满足了。

然而，前文已经反复强调过，孩子一边喊着"爸爸"，一边抱着爸爸不放的时间，在整个人生中只有短短几年。光阴转瞬即逝，等孩子成长到比起黏着父亲更想跟朋友一起玩耍的时候，爸爸就会变成既不帅气又无用的"讨人嫌大叔"。

这种时候，若夫妻之间的男女关系也逐渐淡薄，那家里恐怕只剩下萧瑟的寒风吹拂了……这未免太过凄凉了一点吧！

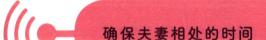

确保夫妻相处的时间

为了避免这种情况发生，我建议各位，夫妻之间无论再忙，偶尔也要**创造属于夫妻二人的相处时间**。哪怕只是在孩子睡着之后一起喝杯茶也好。如果两个人能找时间一起安安静静地看部电影，那更是再好不过了。

在养育孩子的过程中，夫妻双方都很容易变得疏于去做这些事情。但是，失去了两人独处的时间后，每天只能看到彼此作为母亲、作为父亲的样子的话，接收彼此异性魅力信号增进感情的天线将会逐渐生锈失灵。

不需要像结婚之前那样每天黏黏糊糊、腻腻歪歪，但互相之间最起码的关心要保持。"最近工作好像很忙哦，你还好吧""孩子能这么健康地长大真是多亏了你"，经常这样互相慰问一下也不错。

将对方作为一个男性、一个女性来对待，这样的同理心是万万不可少的，只要能坚持这一点，信号天线就不会轻易生锈了。

当妈妈精心准备好一切，反而被爸爸嫌麻烦……令人颇感震惊对吧？实际上，这种情况并不少见。这种类型的爸爸往往会借口说"可能是累了吧"，然后选择逃避。不能领会妈妈的这种心意的爸爸，说白了作为丈夫是不合格的。一味地沉醉于爸爸的身份而对妈妈不管不顾，这样未免太过大条了。

所以，妈妈偶尔气势汹汹一点也不错。

关于夫妻之间如何"好好吵架"的方法，将会在第 6 章中进行详细说明，敬请期待。

第 3 章

爸爸的
类型

性格不同，功能和
使用方法也不同

这么多种啊……

爸爸有擅长和不擅长的事情

　　汽车、手机都有各种各样的型号，爸爸也是如此，有着形形色色的类型。不同类型的爸爸，其性格、机能也各不相同，且各有所长各有所短。

　　了解爸爸的类型，发挥其所长，爸爸自然就会踊跃行动起来了。只有这样才能发挥其最大机能。相反，如果强迫他做不擅长的事情，那必定会处处碰壁。

　　所以，先确定一下"我家爸爸"是属于哪种类型吧！爸爸类型的判断方法请参考本书"前言"第 6~8 页。

　　您家里的爸爸是什么类型呢？接下来将对各个类型爸爸的癖好、擅长领域、不擅长领域进行说明。

墨守成规的严父类型

　　一言以蔽之，就是自古有之的固执、暴躁的严父类型。现在已经颇为稀少，是相当"老式"的爸爸。举个例子来说，就是《海螺小姐》里矶野波平那样的"大家长"。

　　这种类型的爸爸最大的优点就在于讨厌拐弯抹角，重视人情道理，非常靠得住，说是"家里的顶梁柱"也不为过。

　　同时，缺点也十分明显，他们一般生性顽固、不懂变通，是那种很难打交道的人。因为他们自己就是依照严格的价值观生活的，所以对他人也不假辞色，要求非常严格。这样的性格往往通过对妈妈的批评、对孩子的斥责表现出来，是在现代家庭生活中让人望而生畏的存在。

　　因为这样的爸爸非常在意"父亲的威严"，

所以偶尔夸他几句是非常重要的。确实很烦人，但如果你家爸爸是这种类型的话，一定要**授予他"荣誉家长"的名头**，这样家里就会变得平静很多。

此外，当与这种类型的爸爸意见相左时，一定要注意应对的方式。因为他会非常顽固，很难动摇。硬要去争个胜负，结果只能是两败俱伤。不如多劝劝自己"输就是赢"，果断地结束争吵，随他去好了。

这一类型的爸爸对孩子往往也要求严格。如果跟他说"不要那么凶嘛，孩子怪可怜的"，那么他立刻就会反驳"还不是怪你太惯着他"，最后可能会吵得不可开交。所以在这种情况下，可以表面上站在爸爸一边，背地里偷偷护着孩子，谋求微妙的平衡。

喜欢照顾别人，极具同理心，擅长倾听，很会夸人，很受大家欢迎。这种类型的爸爸，参照"尾木妈妈"（日本教育评论家尾木直树的爱称，他以主张"育儿和教育重在爱与浪漫"而闻名）就明白了。

这一类型的爸爸，最大的优点在于他们对孩子有着不输于母亲的爱，所以让他们打开爸爸开关是最轻松的。他们也很擅长和妈妈相处，能够成为很好的倾听者，还会时常给予妈妈关怀与鼓励，几乎不太会让妈妈感受到压力。

不过从另一方面来说，由于太会照顾人，所以可能会宠溺孩子。有时候甚至会抢妈妈的"工作"。虽然这样妈妈能轻松不少，但从某种意义上来说，这也是在侵占妈妈的领地，最后可能会导致妈妈无立足之地。

最让人担心的是，这样一来很可能会造成"家里有两个妈妈"的局面。正如第1章所述，一个家里如果两个家长的角色都是"妈妈"的话并不是什么好事，爸爸和妈妈的分工与合作会成为难题。

遇到这种情况，可以**利用这个类型爸爸的一大特征，那就是"所有的要求都会尽全力做好"**。当你觉得他"有点不够严格"时，就可以要求他"你在孩子面前有时也要稍微严格一点"。当然，严格要求孩子无疑是这一类型爸爸最不擅长的事情，但无论如何都要让他尝试做做看。如果你想让孩子"像附近的捣蛋鬼那样活泼一点"，可以试着和爸爸说"带孩子到外面去，让他自己尽情玩耍就行"，这种要求爸爸肯定会乐于执行的。

如果您家的爸爸是这种类型的话，就不要拘泥于传统的男女分工，请自由发挥，按实际情况决定夫妻各自在育儿中的角色与分工。

沉着冷静的计算机类型

永远保持冷静、准确、理性，不会轻举妄动，擅长通过逻辑思辨来推进工作，即所谓的"头脑清晰"类型。关于这一类型的爸爸，大家不妨联想探案剧《相棒》（日本著名刑侦电视剧，"相棒"为搭档、伙伴之意）中的杉下右京。

这一类型的爸爸不会任由自己被感情与本能驱使，更不会轻易被他人的价值观左右，是那种一看就很靠谱、让人放心的爸爸。而且这样的爸爸往往能够坚守原则，不轻易改变，所以比起只顾着展现父亲威严的"墨守成规的严父"，更受孩子们尊敬。遇到危险，或是紧急关头，他会是最可靠的存在，在家庭里发挥着"主心骨"的作用。

美中不足的地方在于，他有些太过冷静了，缺少足够的幽默感，很难对老婆孩子的话产生同感。当妈妈向他吐槽或者商量事情的时候，这一缺点就会暴露无遗。

女性向他人吐槽或者寻求意见，很多时候其实只是想让对方把自己的话听到最后，一吐心中的郁闷。但这一类型的爸爸总是喜欢用"总而言之""也就是说"这类词对妈妈的话进行精简、总结。加上他们总倾向于在短时间内追求最大收益，所以最后总会用"那样的话……这么做不就好了吗？"这种极为明确且简短的话语终结整个对话。

这会引来妈妈们数不清的不满，她们会抱怨说："我话都还没说完！""你就不能理解一下我的心情嘛！"但这种类型的爸爸几乎理解不了妈妈们的这种心情，反而会说："我不过是提出了最佳方案而已，如果还不明白，是你自己有问题吧。"

对于这一类型的爸爸，不要期望他能"好好地听

我说话"。如果想要和他商量什么事，可以提前总结好重点，只要能听懂他的回答，就是还不错的交流状态。至于心中的不满，建议找别人去倾诉。

天真烂漫的淘气鬼类型

即自由奔放，按照本能去生活的类型。好奇心旺盛而且喜欢依靠直觉，拥有很强的创造力，喜欢玩耍，善于享受生活，常被人说"无论多少岁都还是像个孩子"，是性格非常调皮的爸爸。举个例子来说，就像《钓鱼迷日记》里的滨崎（日本家喻户晓的喜剧人物）那样。

对孩子来说这无疑是最佳爸爸。因为这样的爸爸知道很多有趣的玩耍方式，而且会和孩子们一起乐在其中，甚至有时候爸爸也会因为玩得太疯而挨妈妈的骂。但正是因为这样，在孩子眼中，爸爸成了一个可靠的、值得尊敬的、类似哥哥或者邻居家的淘气鬼一样的角色。而且，爸爸对于任何事情都表现出浓厚的兴趣和勇于挑战的精神，对孩子也是一种很积极的影响。

但另一方面，这种类型的爸爸也存在不够关心他人、过于自我和不擅长忍耐等缺点。他们可能会立刻给孩子买他们想要的玩具，而对于妈妈来说，可能会感觉这样的爸爸简直是另一个需要她去操心的"大儿子"。

不过，这种类型的爸爸，就算被妈妈说几句也不会感到失落、沮丧或者想要还嘴什么的，这也是他们的优点之一。此外，这样的爸爸越是被表扬就越会有动力。如果不把他们视作孩子的父亲，而是一个"大哥哥"，或许还更恰当些。

温顺沉默的乖孩子类型

他的口头禅就是"按你喜欢的来吧！"在没有结婚、没有孩子之前，主导权可能就已经都牢牢掌握在你手中了。

这一类型的爸爸会按照你的要求去行动，努力让自己成为你理想中的爸爸。可以说他们就像《星球大战》（*Star Wars*）中的金色人形机器人 C-3PO 一样。

总的来说，这种类型的爸爸非常温和，是"乖孩子"。极高的配合度是他们的优点，而且擅长忍耐，即使有不满也不会表现出来。他总是按照你的意愿去做事，所以可能至今为止你都没怎么从他身上感受到过压力。硬要说的话，可能就是他们的优柔寡断有时会让人颇感恼火吧。在生活中与这种类型的爸爸相处是非常轻松的，但也可能需要在未来付出某些代价。

这种爸爸的缺点在于缺乏主体性。给出指示，他们会按要求行动；但如果没有指示，他们往往难以自主做出判断并采取行动。因此，成为自律型父亲对他们而言难如登天。

　　除此之外，这一类型的爸爸往往过于关注他人的评价。所以当他们受到批评或责备时，会感到十分受伤。而且由于他们不擅长反驳，也很少直接表达难过的情绪，所以他们可能会通过生闷气、闹别扭、闷闷不乐等方式来表达自己的抵触情绪。而这往往会让妈妈们感受到不小的压力。

　　他们表面上看起来是"很能够打配合的成年人"，但本质上仍然是"非常在意大人评价的小孩子"。事实上，他们才是最难搞的那种爸爸。

　　此外，如果太擅长忍耐，家里的氛围也会变得让人感到压抑。**与这种类型的爸爸相处的秘诀在于要时不时地给予他们适度的"娱乐"。**

夫妻二人最好是不同类型

现在我们已经知道爸爸的不同类型及其特点。接下来要再次用到"配型表",将"爸爸"替换为"妈妈",确定自己所属的类型,仔细阅读该类型的相关解说。这样做主要是为了了解自己的心理习惯。

在已经掌握爸爸所属类型特征的基础上,再弄清自己的心理习惯,这样一来,只要能记住常见的冲突模式及其对策,就可以减少不必要的压力。

相同类型的人成为夫妻,并不意味着他们就一定会相处得很好。相反,如果其中一方是"天真烂漫的淘气鬼类型",另一方是"温顺沉默的乖孩子类型",彼此之间的相处可能会很融洽,因为优缺点能够很好地互补。

不同类型的人可能会感觉到彼此之间价值观的差

1

2

3

爸爸的类型

性格不同,功能和使用方法也不同

异，有"我就不会有那样的想法"或者"为什么那个人会那样啊"之类的分歧，但实际上，拥有不同思维方式的人成为夫妻后，优点和缺点往往能够很好地相互补充。

接下来将会针对妈妈所属的类型，以及其与不同类型的爸爸组合时需要特别注意的事项进行说明。只有在对不同类型的夫妻之间的相处方式都充分了解之后，才能够避免那些不必要的压力。

 墨 守 成 规 的 严 父 类 型

如果你是那种"墨守成规的严父类型"的妈妈，可能会经常对爸爸有过多的要求和批评。尤其当爸爸是"温顺沉默的乖孩子类型"时，你的这种行为很可能会让他在心中不断积累对你的不满，最终酿成苦果，所以一定要格外注意。

如果爸爸属于"极具母性气质，宛如第二个妈妈的类型"，在你们之间传统的父亲和母亲的角色将会颠倒，这种情况下反而可以在一种平衡的状态下养育孩子。

极具母性气质，宛如第二个妈妈的类型

你属于"极具母性气质，宛如第二个妈妈的类型"的可能性很高，因为你其实就是一位真正的妈妈。所以无论是哪种类型的父亲，你都能用温暖的爱心来对待他们。

另一方面，你可能会溺爱爸爸。如果不适度给予压力，那么爸爸就无法提高性能。虽然能够理解你的担心，但有时拿出放手让爸爸去做的勇气也是很重要的。

沉着冷静的计算机类型

如果你属于"沉着冷静的计算机类型"，而爸爸属于"天真烂漫的淘气鬼类型"，你可能会觉得爸爸"像个小孩儿似的，笨笨的"，有些轻视他。即便事实就是如此，但如果表现得太过露骨，只会让家里矛盾丛生。这一点请务必注意。

此时如果爸爸是"墨守成规的严父类型"，夫妻之间闹了矛盾，爸爸在逻辑上被诘问得无话可说时可能会恼羞成怒，说出"混蛋，你怎么这么死脑筋！"之类的话语，这样一来事情很容易闹大。所以尽量不要穷追不舍，刨根究底。

无论爸爸属于何种类型，"沉着冷静的计算机类型"的妈妈都会很快对他丧失信心，这也是这一类型妈妈的特征。但是夫妻并不是商业伙伴，即便稍感负担，也希望你们能够在这场"两人三足"游戏中有优异的表现。

天真烂漫的淘气鬼类型

如果你是"天真烂漫的淘气鬼类型",而爸爸是"墨守成规的严父类型"或"沉着冷静的计算机类型"的话,你可能就会经常感受到批评和不满的眼神,多少有些窘迫。

虽说天真烂漫是你最大的魅力所在,但有时也需要考虑周围人的感受。如果爸爸对你的天真烂漫表示理解和接受,也请你不要忘记表达自己的感谢之心。

温顺沉默的乖孩子类型

如果你属于"温顺沉默的乖孩子类型",那么"天真烂漫的淘气鬼类型"爸爸的任性、"墨守成规的严父类型"爸爸的傲慢可能会是你每天不得不面对、忍耐的事情。这不免让人有些担心。

因为你不太习惯显露自己的情感，因此迟钝的爸爸可能会以为"现在这样就挺好"。所以，表达自己的感情和想法是非常必要的。

第 **4** 章

App安装
指南

让爸爸
进行实际操作

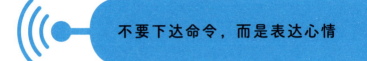

不要下达命令，而是表达心情

　　一打开开关，爸爸就突然精通换尿布和做婴儿辅食了，这种事想想也知道是不可能的。他们必须逐步学习育儿和家务的实际操作，这个过程就像是在电脑或手机上安装应用程序。

　　如果是爸爸擅长的事情，那么就算不手把手地去教，他也会自己学习如何去做。然而，很多爸爸都有一个共同特点，那就是不太愿意去尝试较为烦琐的事情，总想着依赖妈妈。

　　当然，你也可以制定规则并要求爸爸履行义务。但是，只要是"义务"，终归有"被迫"的感觉，这样一来他的技能就永远无法提高，也很难长久。那么，如何让爸爸们主动承担这些烦琐的工作呢？

请尝试以"请求模式"来沟通。

当然，这并不是要你低声下气地说"求求了，帮帮我"。你只需要通过类似"要是你能帮我的话，我会非常高兴哦"这样的话，**表达出自己的"心情"即可**。这在心理学中被称为"我讯息 (I message)"，是一种不会给对方造成压迫感的表达方式。

听到"要是你能帮我的话，我会非常高兴哦"这样的话，爸爸就会自己想要去帮助你了。并且，这种方式也不会让对方有被强迫的感觉。

交给他、夸奖他

当爸爸有了想要"试试看"的冲动，一开始肯定会不断遭遇失败。如果这个时候妈妈泼冷水说"别试了，还是我来比较快"，好不容易开启的爸爸开关就会再次关闭。

我的朋友里也有一些新晋奶爸，最初他们也在不断挑战自己不擅长的育儿和家务活，但被妈妈否定或嘲笑后，就干脆破罐子破摔，说："我不干了！"这样岂不是很可惜？

所以，**在开始阶段，对爸爸的一些"失败"最好睁一只眼闭一只眼，不要主动出手帮忙，不管结果如何，都要向对方说"谢谢"**，这可以说是一条铁律。

同时，应该认可爸爸与妈妈不同的"做事方法"。爸爸也应该意识到，虽然自己的确很难像妈妈那样熟练地做好这些事情，但也要不断地去尝试去挑战。当然，如果这些努力总是被否定或嘲笑，那么失去动力也是自然而然的结果。

当感受到"不同"的时候，试着用积极的态度指出："有创意！原来还可以这样做呀！"如果爸爸反问："那，你一般都是怎么做的？"这时就是机会！可以趁机把"妈妈的做法"传授给他。

另外，一定要尽可能去多夸奖爸爸做得比较好的地方，特别是他做得比较有创意的地方，比如说"这个连我都不会呢"，等等。这样就可以激发他的自尊心，效果非常好。例如，"洗碗比上次快了很多呢"，等等。最重要的是，一定要对爸爸进步的地方多加表扬。

基本原则是，交给他、夸奖他。

把爸爸当作实验对象来磨炼自己"夸奖"的技术，这一点在"表扬育儿法"中也同样适用。

小心爸爸走入误区！

　　表扬固然重要，但也有些爸爸不思进取，无论多久都没有进步，还总觉得自己已经能独当一面。

　　还有一种情况也很常见。比如，一位爸爸得意地说："是我给孩子洗的澡！"但你多问两句就会发现，很遗憾，只是爸爸自以为给孩子洗了澡。不妨再现一下这样的爸爸给孩子洗澡的过程。

　　首先，这位爸爸自己先去泡澡，一边哼着小曲儿，一边慢慢地擦洗身体。然后，泡在浴缸里先休息一下。过会儿，大声喊："孩子妈妈，我准备好了。"紧接着，妈妈带着已经脱好衣服的宝宝过来，爸爸只需要接过孩子，给孩子轻轻擦洗一下身体，然后一起泡在浴缸里，前后差不多50秒，然后又会大喊："孩子妈妈，好了！"妈妈就会来把孩子抱走。

爸爸所做的只是简单地给孩子擦洗身体，然后一起在浴缸里泡个 50 秒而已。

但其实洗澡前后的工作才是最麻烦的。

即使如此，要是一周能给孩子洗 3 次澡，哪怕只是一起在浴缸里泡 50 秒，爸爸也会说："一周差不多有一半的时间都是我给孩子洗的澡。"妈妈听到这种话，怎么可能会不火大呢？爸爸们根本想象不到，平常自己不在家的时候，妈妈是怎样一个人给宝宝洗澡的。

让爸爸掌握育儿的实务操作

怎样才能让爸爸成为一位合格的父亲呢？关键是要学会"正确安装"各项育儿 App，例如"换尿布""洗澡"，等等。以洗澡为例，只有像妈妈那样从头到尾由爸爸独立完成给孩子洗澡的全过程，才能算是成功地给爸爸安装好了"洗澡App"。其他方面的育儿活动也是一样，妈妈学会尽可能顺畅地给爸爸安装各种育儿App是至关重要的。

让爸爸换尿布

换尿布这项工作，大部分爸爸都能相对顺利地完成。但很多爸爸对于换宝宝大便后的尿布比较抗拒。想要克服对宝宝的大便的抵触感，最好的方法就是从孩子还是个小婴儿，便量不多且异味不大的时候开始，让爸爸逐渐习惯。

如果错过了这个时期，就只能采取一些强硬的手段了。当妈妈在做饭的时候，如果宝宝刚好大便了，这就是最佳时机。这时候跟爸爸说："我在做饭，你能帮我去把尿布换了吗？"像这种紧要关头，爸爸无论如何都会给你帮这个忙的。接下来的操作就是关键了。

在洗澡前或下一次换尿布时要好好检查宝宝的屁股是否干净。不要一开始就直接指出爸爸没有擦干净，相反，可以间接地去表扬爸爸的努力。比如，**故意在爸爸面前跟宝宝说**："刚刚爸爸给你擦屁屁了哦，爸爸擦得好干净，宝宝一定感觉很舒服吧。"**以此来激发爸爸的动力。**

让爸爸喂奶

爸爸虽然不能直接母乳哺乳，但是只要有奶瓶，爸爸也能够给宝宝喂奶。如果宝宝喝奶粉的话，爸爸会有很多机会参与喂奶工作。即使是母乳喂养，偶尔也可以把母乳保存到奶瓶里，再让爸爸喂宝宝。如果能尽早让爸爸习惯喂奶，那么当妈妈出门或生病时，也不会太过担心。

喂奶并不仅仅是把奶喂给宝宝这么简单的行为。它需要你抱紧宝宝，与宝宝进行眼神交流，用全身传递爱意。虽然很多爸爸可能总是一边玩手机一边喂奶，但是既然让爸爸接手了喂奶这项工作，就应该给予适当的建议和指导，让他们像妈妈哺乳时那样，好好地抱着孩子，一边跟孩子眼神交流一边喂奶。让爸爸感受到妈妈的心情，亲身体验妈妈的感受。

还可以向爸爸介绍一些知识，比如"宝宝在吃奶的时候会盯着妈妈看，虽然新生儿的视力很差，但是吃奶的时候却可以把视线集中在妈妈的脸上。真是不可思议呢"，或者"哎呀，怎么我喂奶的时候和你喂奶的时候宝宝的表情好像不太一样呀，宝宝显得好高兴啊"。即使这些话是技巧性的"谎言"，爸爸也会觉得"啊？真的吗！"一副开心得不得了的样子。

如果爸爸注意到宝宝在喝奶的时候，用温柔而坚定的目光看着自己，爸爸也一定会放下手机，专心地给宝宝喂奶的。

让 爸 爸 帮 孩 子 洗 澡

给宝宝洗澡的困难并不在于一起泡澡，而是在于脱尿布、擦拭身体、穿睡衣、护肤等洗澡前后的一系列工作。也就是说，只有把浴室之外的工作也顺利完成，才算是一位完整掌握了这项技能的爸爸。

但是，一开始就全部都让爸爸一个人做的确有些勉强。所以，最开始的时候，可以从让爸爸负责把孩子抱进浴缸这件事情开始。等爸爸熟悉之后，妈妈再负责把孩子抱进浴缸里，之外的任务就可以交给爸爸了。可以让爸爸帮忙脱掉孩子的衣服和尿布。宝宝泡澡泡得差不多了，就可以让爸爸过来给宝宝擦干身体，换好尿布，穿上睡衣。刚开始的时候，妈妈可以帮忙准备睡衣、毛巾和备用尿布等物品，之后的工作就全权交给爸爸。

等到爸爸能够轻松地处理浴室外的工作时，再让他独立执行照顾宝宝洗澡的全过程。站在一旁围观的话，妈妈总是难免会想要指手画脚一番，所以还是**出去转转比较好，比如去便利店买东西**。跟爸爸说一声，"你帮孩子洗澡的时候我想去趟便利店"，然后大胆出门吧。在这段时间里，爸爸就算光着膀子、手忙脚乱，也会努力把任务完成的。回家之后也一定要记得慰劳爸爸说："一个人帮宝宝洗好了澡，很厉害呀，你辛苦了。"

只有通过这样的方式，爸爸才能全面了解宝宝洗澡的整个过程。

 ## 让 爸 爸 哄 孩 子 睡 觉

如果有个怎么哄都不睡的宝宝，晚上让他入睡真是一个大工程。所以能够成功哄宝宝睡着的爸爸真的很棒。而且，如果爸爸平常都不能成功地把宝宝哄睡着，那孩子半夜哭闹时就更没法儿帮忙了。

然而，由于宝宝在婴儿期，经常会在吃奶的同时入睡，所以爸爸真的没有太多可做的事情。但是，我也曾经听到有爸爸向我抱怨："哄睡这件事怎么也做不好。"对于没有母乳这一法宝的爸爸来说，哄睡的成功率确实很低，但如果一直不去尝试，就永远不会成功。

在还没有断奶的阶段，让爸爸去哄孩子睡觉时最重要的一点是，要抱着"不行也没事"的心态。让宝宝与爸爸一起玩耍，直到他玩困为止，这样也不失为一个好方法。到最后一步，再让妈妈接手，用喂奶这一招让宝宝彻底入睡。

简而言之，就是要让爸爸陪宝宝玩耍，直到宝宝犯困为止。在这段时间，妈妈可以看看电视或自己打会盹儿也无妨。要是**爸爸能为妈妈争取到一点休息的时间，那也挺好的**。

当宝宝不吃奶也能入睡时，爸爸和妈妈就处于同一起跑线了。这个时候，爸爸就可以自己独立完成整个哄睡流程了。

让爸爸喂孩子吃饭

开始给孩子吃辅食时，我们会坐在桌前，一边哄孩子说"啊"一边喂饭，但这真的很辛苦！因为宝宝是不会专心吃饭的，所以需要花费很长的时间。坦白地说，这的确很容易让人烦躁。

孩子能独立进食最快也要等到上小学的时候。在那之前，每顿饭都很艰难。因此，如果爸爸能够帮忙给孩子喂饭的话，真的能减轻妈妈很大的负担。

要是爸爸正在努力给孩子喂饭，妈妈决不能在一旁催促说"还没吃完吗"之类的话。这样做只会让爸爸感到失落和沮丧，你一言我一语，最后吵得不可开交也说不定。此外，如果感受到来自妈妈的压力，爸爸可能还会冲孩子怒吼"别玩了！快给我吃！"这样只会让宝宝哭闹得更厉害。到最后甚至可能会引发**"批评的多米诺骨牌效应"**，让孩子对吃饭这件事产生抗拒。

我建议，当孩子老是慢吞吞吃饭的时候，不如直接在家里营造一种"居酒屋"的氛围。爸爸可以小酌几杯自己喜欢的酒，夹几筷子下酒菜，时不时"啊"几下，哄孩子吃几口饭，优哉游哉地享受吃饭的时间。这样一来，不就像是孩子在陪爸爸喝小酒一样嘛！

你可能也会想，"这样一来，这饭得吃到什么时候去"。确实，但是如果不停地去催促孩子的话，家里的氛围就会逐渐恶化，而且也不能改变孩子吃饭很慢这一事实。

此外，也有人觉得"不如先喂孩子吃饭，之后夫妻二人再慢慢吃"，但这样反倒会增加不必要的矛盾和摩擦。因为人只要饿着肚子就容易暴躁，所以最好让大人先填饱肚子，然后再慢慢给孩子喂饭。

这样，父母就能更加从容地给孩子喂饭，也能**减少孩子的压力和负面情绪，自然而然就能减少喂饭时宝宝的各种不配合的行为了**。

 让爸爸哄孩子

孩子玩得正开心时爸爸带着当然也没什么问题，一旦孩子哭闹起来，就会有不少爸爸束手无策，转头就将宝宝交给妈妈。但对妈妈而言，正是这种紧要关头才更需要爸爸来尽一份力。遇到问题，马上就当甩手掌柜的话，那算什么帮忙？

要想让爸爸学会怎么哄宝宝，不仅需要爸爸自身的努力，还需要宝宝愿意去亲近爸爸。因此，从新生儿时期开始，爸爸就应该和孩子多接触，让孩子熟悉爸爸的气味和触感。

如果孩子不习惯与爸爸接触，那么确实会有些棘手。但如果就此放任爸爸袖手旁观，那么现状永远都不会改变。

当爸爸打算放弃，把孩子交给妈妈时，不能让他一走了之。在妈妈把怀里的宝宝安抚平静下来之前，要让爸爸也一直陪伴在孩子身边。这样才能**让孩子感受到爸爸的存在，让爸爸成为孩子"可以安心的风景"的一部分**。如此重复几次之后，孩子就可以在爸爸的怀里安静下来了。

让爸爸陪孩子玩

小婴儿时期宝宝还听不懂爸爸妈妈说的话，所以他们会努力用全身来进行交流。然而很多爸爸却认为，"孩子听不懂我的话的这段时间，我什么也做不了"。

握住宝宝的手，或者把脸凑近宝宝，仅仅是这些简单的举动就能让孩子开心地笑起来。刚出生几个月的时期，孩子还只会发出"嗯嗯""啊啊"之类无意义的声音。但如果我们回应他们，发出类似的"嗯嗯""啊啊"或者"呜呜""哎哎"等声音，孩子似乎也能接收到这些信息，变得更愿意表达。对于婴儿来说，即便是如此简单的事情，也是一种有趣的游戏和有意义的刺激。一定要让爸爸明白这一点。

通过这种方式，从小就与宝宝建立起深厚联系的爸爸，通常也比较擅长哄孩子睡觉和带孩子。而对于孩子而言，也会觉得这样的爸爸是跟妈妈一样可靠的存在。

甩手不管还能升级系统?

有一个非常管用的窍门可以快速升级爸爸育儿 App 的版本,那就是**将孩子全权交给爸爸一整天**。总的来说,有两种方法。

其中之一就是让妈妈出门一整天,由爸爸和孩子在家"留守"。

即使是在自己最熟悉的家里,爸爸也会遇到不知道奶瓶放在哪里、不知道新纸尿裤装在哪个箱子里、不知道孩子最喜欢的绘本是哪一本等问题,诸如此类的情况数不胜数。一开始,妈妈的电话可能会响个不停,有种"简直就像育儿咨询热线一样"的感觉。不过暂且先原谅一下爸爸吧,因为他目前的育儿水平就只有这种程度而已。然而,经历了几次类似的"修罗场"之后,爸爸身体里育儿系统 App 的性能将大幅提高。

另外一个方法就是，让爸爸独自带着孩子外出，就像让"孩子第一次跑腿"一样。

把牛奶、辅食、尿布等塞进背包里，向他们告别然后欢送出门："祝你们好运！"孩子在电车上哭个不停，在餐厅里突然大便，臭味四处飘荡……通过这些在家里从未体验过的"地狱"场景，锻炼爸爸依据各种情况灵活应变的能力。

实际上，我曾听到很多爸爸说，第一次独自带着孩子外出时，"终于体会到了妈妈平常的辛苦"。只有在这种情境下，爸爸才能真正明白自己应该做些什么。

每个人都会经历这样的过程。虽然你可能会担心，但我还是建议尽早让爸爸们体验一下这个过程。

对家务的误解

　　在工作繁忙的情况下，很多爸爸可能只能看到孩子熟睡的脸庞。即使无法直接参与到育儿中来，也希望爸爸们能够努力地承担家务。然而，这里也会出现许多的误解。

　　一个常见的例子是，"我偶尔也会做饭"。烹饪可以是一种兴趣爱好。在周末或其他时间里，有的男人喜欢在厨房里挥舞中式炒锅或意面煮锅，但那只是一种兴趣爱好。对于家人来说，这件事可能挺有趣。但在本质上，这和在河边露营时烧烤没什么区别。虽然这也是在做饭，但跟我们平常说的做饭不是一回事。

　　爸爸们常有的误解是，"垃圾也是我倒的"。但仔细一问，其实是妈妈把家里所有垃圾桶里的垃圾收集起来，然后把垃圾装在半透明的垃圾袋里，系紧后放在门口。爸爸只是把垃圾袋拿到离家不到 20 米的垃圾集散处，这不就是活动一下身体而已吗？但有些爸爸却还自以为做得很好，真是让人无语。

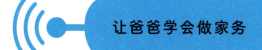

让爸爸学会做家务

因此，需要"正确"地给爸爸安装各种家务小程序。**不论是否有孩子，家务本就应该由两个人分担**。按理说，只需要直截了当地说"这个你来做吧"就行了，但现实往往并没有这么简单。如果这个时候冲爸爸发火——"凭什么你不做！"可能会导致夫妻关系愈发疏远。对于不满，暂且隐藏起来，先采取作战策略，这才是成年人该有的做法。

让爸爸去倒垃圾

在所有家务中，垃圾清理是爸爸的首要任务。虽然很多爸爸声称"垃圾都是我扔的"，但正如先前所述，事实上他们只是"拿走垃圾袋"而已，并不能算真正意义上的"扔垃圾"。希望爸爸们能够自己记住垃圾回收日，在垃圾回收日的早上自行清空家中所有的垃圾桶，把垃圾装进垃圾袋，然后扔进垃圾集中处理场。

早晨手忙脚乱的时候，如果突然开口"啊，今天是垃圾回收日！快把垃圾拿去扔了"，爸爸们难免会有些慌张。所以最好提前一天晚上告诉他们："明天是垃圾回收日，你能帮忙在 8 点之前把客厅、厨房和卧室的垃圾桶里的垃圾收集起来，扔到垃圾集中处理场吗？"

不过每次都这样做也挺麻烦，所以不妨尝试下面的方法。

App 安装指南

让爸爸进行实际操作

扔垃圾的时候最麻烦的事情就是垃圾分类。这时候跟爸爸聊聊："不同的垃圾要分类处理真是太麻烦了。你有什么好方法吗？"

一般来说，喜欢工作的人也很喜欢被请教问题，而且也很喜欢系统化和效率化。所以他们一定会在下个周末去家居中心买一些垃圾桶，建立一个易于分类垃圾的"家庭垃圾收集·分类系统"。这样一来，家里就有了一位"垃圾处理大使"。妈妈的任务就是营造出"所有的垃圾问题爸爸都能解决"的氛围。

让 爸 爸 洗 碗

很多爸爸会说："就算回家已经很晚了，我也会洗碗！"但有时候无论等到多晚，妈妈和孩子用过的碗碟也依然原模原样地放在水槽里。

接下来将会向大家讲述怎样应对才是上策。对于只有三四口人的小家庭来说，洗碗并不算很累的家务。然而，如果经常被挑出一些小毛病，例如干了的饭粒没有洗干净、油污没有完全洗掉，就会导致爸爸洗碗的积极性下降。在这种情况下，还是睁一只眼闭一只眼比较好。

此外，如果你打算将洗碗任务交给爸爸的话，就应该**让他自行决定洗碗的时间**。他可能想在用餐后先享受一下吃饱的满足感再开始洗碗，有时爸爸下班回到家已经筋疲力尽，想要第二天早上起床后再洗碗。留在水槽里的脏碗碟的确会让人感到不舒服，但爸爸的"积极性"也非常需要珍惜和保护。

让爸爸做饭

做饭要考虑方方面面的事情，比如营养的均衡、家人的喜好、生活预算、超市打折日等信息，并且每天要准备三顿饭，还一日不可断。让带孩子的妈妈最为烦恼的，不是简单地把饭菜做熟，而是这些不胜其烦的准备工作。

要让爸爸负责做饭的全流程，而不仅仅是"男人眼里的做饭"，突破点在"冰箱"。要让他从"我要做一道绝佳的蛤蜊意面"这样的想法，转变为"冰箱里有蛤蜊和大蒜，那我做一道蛤蜊意面吧"。

因此，夫妻之间要经常交流冰箱里存放了哪些东西。为了使信息共享更高效，有必要保持冰箱内部整齐有序。如果每个物品都有一个固定位置，那么在火腿用完时，就能立刻察觉到"火腿没了"，并及时进行补充。

所以呢，在此建议尝试与前文倒垃圾相同的策略——向爸爸咨询"怎么办，不管怎么整理，冰箱里还是很乱啊"。接下来，他可能会在下个周末去百元店购买一些小配件，为冰箱整理出一个清晰的分区。

让 爸 爸 打 扫 卫 生

我经常呼吁爸爸们"当个好厨师不如当个好清洁工"。实际上，曾经有本育儿杂志就"希望爸爸做的家务"进行了问卷调查。结果"打扫卫生"遥遥领先，占据第一位，"做饭"却排在了较低的顺位。而我尤其想推荐给爸爸们尝试的家务就是清洁浴室和厕所。因为这些通常是妈妈们最讨厌的家务，而且还是不管你多晚回家都来得及做的家务。

妈妈最好在**怀孕期间就将这些重体力活交给爸爸**。因为无论多么迟钝的爸爸也应该理解怀孕的辛苦。而当这些任务变成了习惯，孩子出生以后就可以继续交给爸爸负责。

如果错过了怀孕期间这一黄金时段，还有一个方法，就是一起去购买清洁用品。药妆店和家居中心有各种各样方便、好用的清洁用品，哪怕只是随便看看也很有趣。例如，可以利用微生物来清除霉菌，只需水就能清洁万物的海绵，等等。是的，从选购清洁用品开始让爸爸对打扫卫生产生兴趣，然后让他亲自试用，让他惊叹："原来还有这种方法！"这样一来，你就可以轻松将家务全部交给他了。

让 爸 爸 收 拾 整 理

有了孩子以后，家里的东西就容易泛滥成灾。不管怎么整理，总显得杂乱无章。这个时候，如果爸爸能带头收拾整理就好了。

收拾也和清洁任务一样，如果在妈妈怀孕期间大着肚子的时候就交给爸爸来做的话，之后就会顺利得多。如果错过了这个绝佳的时期，不妨试试成为一个演技派。比如，"实在抱歉，家里乱七八糟的，让你不能舒舒服服地待在家里。可是我最近身体不舒服，没有时间和体力去整理……"说这些话的时候最好表现出很不好意思的样子，这样诉苦会更有效。

　　这时候，如果爸爸说"没关系，我来做"，那就万事大吉了。但是如果面对的是一个迟钝的爸爸，他可能只会说"没事"，然后就这么结束了对话。这个时候妈妈需要再次提醒他："抱歉，你能帮我把那个东西放到这里吗？"试着让他收拾一些较重的物品。听到妈妈可怜兮兮的要求，无论怎样任性的爸爸都不会忍心拒绝。当然，妈妈需要立刻表达谢意："谢谢，收拾东西还是很耗费体力的，有你帮忙真是太好了。"

　　追根溯源，很多爸爸不爱整理房间，是因为并不知道什么东西该放在哪里。所以，**很重要的一点就是清楚地告诉爸爸"把什么东西放在哪里"**。虽然一一进行指示非常麻烦，但总比什么都要由自己来做要好。这也可以说是所谓的"吃小亏占大便宜"精神。

让爸爸洗衣服

　　有了孩子以后，要洗的衣服就会堆积如山。有时候可能一天要洗好几次衣服。如果等到那个时候再把洗衣服这件事情交给爸爸，难度将会成倍增长。所以最好尽早给爸爸安装"洗衣App"，并逐渐让他适应洗衣服的频率与数量，这才是明智之举。

　　虽说都是洗衣服，但早就不像以前那样要用搓衣板洗了。现在的洗衣机非常智能，只需要按一个按钮就可以选择最佳的洗涤模式，这么简单的操作应该没有人不会。但是，最麻烦的不是洗衣服，而是晾衣服、收衣服、叠衣服和把衣服放回原位……这一系列的步骤都很麻烦，所以首先让爸爸从洗衣服做起吧。

　　不管是让爸爸晾衣服还是收衣服，时机都至关重要。所以建议你在表达自己的需求时，最好直截了当地说出来。比如"我换尿布的时候，你能帮忙收一下洗好的衣服吗",或者"我准备早餐的时候,你能把洗衣机里的衣服烘干放到衣柜里吗"。一定要告知"我正忙着其他事情",然后直截了当地提出要求。

叠衣服这件事往往很容易被忽视。可以试着说:"我洗碗的时候,你能帮忙把刚刚洗好的衣服叠好放进衣柜吗?分头做,会更快完成。赶紧弄好,然后我们一起小酌一杯吧。"用这些方式提出要求,就像是在拉磨的驴前面挂根胡萝卜来激励它一样。

或许有些妈妈会说:"这样做也鼓励不到他吧?"**这完全是低估了自己的魅力**。这种方法往往会让对方感到意外的惊喜,然后去努力干活。各位妈妈就姑且相信我一次,去试试看吧。

把爸爸变成"听众"

对于专职家庭主妇而言,每天基本上都只和孩子交流。但是，在孩子入睡之后，夫妻之间的私房夜话其实非常重要。在这个时候，最需要爸爸做的，就是承担起聆听者、沟通者的角色。

然而遗憾的是，大多数爸爸并不擅长倾听。哪怕刚开始在听，不知不觉间就又开始对妈妈的话评头论足，并提供一些貌似很聪明的建议，摆出一副高高在上、自鸣得意的表情。

为了避免这种情况发生，妈妈可以事先说："我现在不需要建议，只需要你好好听我说话……"把想说的话说完之后，要趁着爸爸还没有开始多嘴，抢先对他说："啊，吐槽完轻松多了，谢谢你听我的抱怨。"一开始爸爸还没有习惯，可能会呆呆地问："这样就够了吗？"但随着时间的推移，他就会明白"这就足够了"，并且倾听的技巧也会逐渐提高。

一项调查显示，**男性能够耐心倾听女性闲聊的时**

间最长约为 15 分钟。因此，将倾诉控制在 15 分钟左右，就可以在愉快的氛围中结束交流。

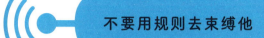

不要用规则去束缚他

　　到这里，我们已经详细介绍了给爸爸安装各种 App 的方法。为了避免因一次性安装太多程序而导致设备故障，建议您多花些时间，耐心地一个一个进行操作。

　　如果爸爸一开始就不想去做，那么事情可能就很难如妈妈所愿，这个时候要是妈妈也只顾着生气然后说"我也不管了"，那就完蛋了。

　　此外，有时还需要讨论如何分担育儿和家务。例如，也许对于都在工作的夫妻来说，平均分担家务和育儿工作才能使双方都满意。相反，在某些家庭中，

"爸爸别管家务，好好去赚钱！"这样的口号反而能达到最佳平衡。当然，平衡需要花费时间不断进行调整和修正。

在分配任务方面，有一个大的框架固然很好，但是不建议过度限制爸爸的行为。**当爸爸感觉自己受到了过度的限制，有时候会失控甚至发生故障，最终反而会增加妈妈的负担**。

我曾经看过一个关于"爸爸说的让人生气的话"的问卷调查。排在第一位的就是"要我帮你吗？"的确，说出"帮你"这个词时就意味着爸爸完全没有作为当事人的意识，他在潜意识里认为妈妈才是家务的主体。

但即使如此，也没必要咄咄逼人地说"你在说什么胡话"，让爸爸难堪。最好的方法是思考"怎样让爸爸拥有当事人的意识"，这才是成年人的应对。

　　我经常听到有妈妈说："我照顾孩子已经很累了，所以才希望他能够自己明白应该做什么。"这是很正常的要求，但如果爸爸没有按照你的期望行动，也不要立刻就表达自己的"不满"，**最好先清楚地传达出你的"需求"，告诉他你想要他做什么，这样的话以后交流就会更加顺畅**。

　　在因为育儿而手忙脚乱的时期，如果夫妻互相之间能坦率地表达"请求"和"感谢"，就能在今后长期的共同生活中保持更为融洽的关系。

第 5 章

是不是
故障了？

处理失控、逃避等
问题的方法

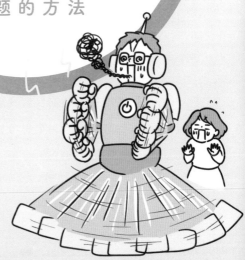

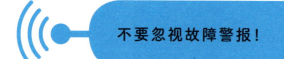

不要忽视故障警报！

　　各种 App 成功安装好之后，总算可以暂且安心了。爸爸似乎真的变得有了爸爸的样子。只不过，一旦燃料不足或是维护不当，爸爸就有可能失去控制，闹起别扭，变得没有干劲。如果就这样置之不理，还可能引发致命故障。

　　当爸爸没能按照你的设想去工作的时候，请把这当作是爸爸在发出故障警报。也许是某些事情进展不顺利，也许是某处的"齿轮"没能咬合上，此时爸爸便会无意识地发出警报。

　　因此，越是想要责备爸爸，想呵斥他"为什么不好好干"的时候，越需要转变想法。告诉自己，这是爸爸在发出故障警报，要思考如何进行维修、保养才能让爸爸恢复良好的状态。

给爸爸提供动力，让他好好休息，适度放松。如果爸爸仍然不能好好工作，请根据具体情况尝试以下方法。只要尽早进行维护，爸爸就一定能迅速恢复良好的状态。

Q 爸爸变得越来越倦怠

A 防止育儿、家务变成每日例行程序！

感觉不久前还在干净利落地积极处理着育儿和家庭事务的爸爸，慢慢失去了动力。

安装了大量的新应用，掌握许多新技能后，兴高采烈的爸爸在很长一段时间内都能够马力全开地运行。不过，当这些工作逐渐变成每日例行的程序，新鲜感消退，爸爸就会开始感到无聊。

举例来说，如果夫妻双方将育儿与家务的分担界线划分得过于明确，这些事务就会更快变成每日例行的程序。"这是我该做的，那是妈妈该做的"，一旦像这样画出了明确的界线，双方都专注于自己的部分，不再能看到对方的付出。如此一来，也就无法对彼此的努力做出肯定、评价和感谢了。

所以，**夫妻双方应该时不时地互换工作，采取更具弹性的方式来分配双方的任务**。这样一来，"打扫厕所真是辛苦，一直以来辛苦你了""啊，尿布你已经换过啦，谢谢！"之类的对话便会增多。而且，这样一来，我们就更容易转变自己的心态，想着去找到能让对方开心的事情，想为对方做更多的事情，这样才能保持一种积极的心态。

Q 爸爸有点垂头丧气

用一句安慰的话打破恶性循环！ **A**

　　导致爸爸垂头丧气的原因，也许是工作上的不顺利，也许是心里有什么烦恼。在这种情况下，爸爸回到家里也不会有积极的心态。因为打不起精神，工作也会越来越不顺，以致陷入恶性循环之中。

　　虽然工作上的问题妈妈无法帮忙解决，但妈妈也并不是什么都做不了。陪在精神乏力的爸爸身边，给予爸爸鼓励支持，让爸爸能够重新振作起来，靠自己的力量去解决问题。

　　首先，可以向爸爸询问，"没事吧？最近你看起来有点累"，用类似的话<u>让爸爸知道他的变化有被注意到，这一点很重要</u>。只需如此，爸爸便会觉得"明明我什么也没说，她竟然注意到我很难过，真是温柔的妻子啊！"他就会心怀感激，想着"现在不是为这点小事消沉的时候！我一定要继续加油！"重新振作起来就是顺理成章的事。

所以当爸爸向你抱怨或者诉苦说"对啊，真是的……"时，请你聆听他的牢骚，回答他说"是这样吗？真是太辛苦了"，只需扮演好聆听者的角色就足够了。等爸爸将心里的泄气话和牢骚倾吐干净，便可以重整旗鼓，再次积极地去面对工作、育儿和家务了。

如果爸爸发出了大量故障警报，妈妈却一点没能察觉到，那么他下班后不立刻回家的次数可能会增多。一旦出现了"最近，每天晚上都会去喝酒聚餐，但心情还是不好"的情况，就意味着故障已经到了相当严重的地步。

　　打破恶性循环的"特效药"，有时只是一句安慰的话语。

Q 爸爸心情不好，说话带刺

A 用妈妈的爱做燃料给爸爸补充能量！

　　当爸爸不光愁眉苦脸，甚至连说话都开始变得刺耳，便是给妈妈发出了明确的信号。甚至可以说是在发出求救信号，希望妈妈可以注意到自己身上的一些不满情绪。

　　也许是因为昨天的晚餐少了一道菜；也许

是因为出去喝酒回家晚了，受到了过多的指责。造成爸爸产生不满情绪的原因有很多。不过，最大的可能性是因为从妈妈那里得到的爱不足。

虽然爸爸内心深处希望妈妈对自己的关心能更多一些，但因为妈妈照顾孩子就已经花费了大量精力，所以想让妈妈"多关心关心我"的话怎么也说不出口。即使没有照顾孩子的需要，很多爸爸也没法说出"多关心关心我"这种话。可是他们内心深处还是想让妈妈多关心自己……这种情绪得不到释放，便会转化成刺耳的语言和生硬的讲话方式。

遇到用挑衅口气说话的人，还要温柔地对待他，这大概只有圣人君子才能做到吧。所以这种时候，暂时置之不理也是一种办法。也许对方会发现一直这样任性生气下去也不是办法，从而自己开始改变态度。

不过，**如果你还有余力安慰受伤的爸爸，那么不**

妈试着突然向爸爸撒娇。虽然真正想要撒娇的是爸爸，但是却由妈妈先向爸爸撒娇。这套作战方法，对自尊心强的爸爸效果极佳。用不了多久，爸爸也许就能反过来对妈妈撒娇了。

Q 爸爸闹别扭，没有干劲

也许是对之前妈妈发脾气的事耿耿于怀 A

有些时候，爸爸不管做什么都是敷衍了事的态度，像青春期的男孩子一样摆出一副闷闷不乐的表情，显得毫无干劲。这也许是因为之前妈妈对他发了脾气，他正耿耿于怀，觉得内心受到了伤害。这时，请双手抱在胸前，先认真思考一下。

以下这些情况有没有发生过：爸爸帮忙换了尿布，却因为处理用过的尿布的方法不对被批评了；爸爸帮忙叠了衣服，却因为叠的方式太过潦草被埋怨……出发点是"想让爸爸变得更好"的那些话，对爸爸的心灵造成的伤害可能会比想象中的更大。这些也许就是爸爸闹别扭的原因。

你可能会觉得"因为这点事就要感到受伤吗"？事实上，爸爸们意外地敏感。过去的事情已无法挽回，事到如今再对爸爸说"伤害到你了真是对不起"可能反而会更刺伤他的自尊心。所以，只要以后注意这方面的问题就行了。

妈妈们可以换位思考一下，如果被公司的上司或者婆婆事无巨细地指示"这件事这样做，那件事那样做"，是不是也会丧失做事的动力呢？不管是谁，**听到"请按照自己的方式去做"时，才会变得更有动力**。一些细节方面如果做得不到位，可以睁一只眼闭一只眼。记得多说一些鼓励和感谢的话，这些都是让爸爸保持积极动力的窍门。

Q 爸爸突然变得很忙，不回家

营造让人想要早点回家的氛围！ **A**

工作突然变得很忙的时候确实存在。这种时候，爸爸也会觉得很辛苦。一方面因为不能给家人足够的陪伴时间而感到愧疚，另一方面也会因为内心虽然很想和家人在一起却只能独自工作而感到寂寞。如果此时妈妈再穷追猛打地询问"为什么最近总是在忙工作，就不能维持好工作和生活的平衡吗"，爸爸便会像泄了气的皮球一样。所以，请不要过度指责爸爸。

不过，如果经常处于这种状态，妈妈在精神上也会难以承受。这种时候，**很重要的一点是对未来的展望**。

"最近真是辛苦啊。这阶段的工作什么时候能忙完呢？"可以用类似的话打听一下情况。无论需要忙碌到什么时候，只要设立了目标，就能从那种模糊的不安状态之中解放出来。知道具体时间后，便可以这样鼓励爸爸："那么，这段时间家里的事都交给我，你就努力工作，尽快渡过这次难关。等空闲下来了，一家人一起去旅游吧。"

　　不过，需要注意的是，还有另一种可能——爸爸其实讨厌回家，拿工作当借口在逃避。

　　如果事实果真如此，对于妈妈来说可就更加棘手了。这种情况之下，如果直接对爸爸发火，只会把他推得离家庭越来越远。也许，比起育儿和家务，妈妈的焦躁情绪才是爸爸真正害怕的事情，所以他才开始逃避家庭。事实上，在"爸爸的烦恼倾诉街"网站上也经常能看到有想逃避家庭琐事的爸爸留言说："妈妈因为育儿积攒了大量压力，一想到这样的妈妈在家里等着，就感觉不想立刻回家了。"

因为下班后没能直接回家，所以到家已经很晚了，育儿也好，家务也好，都半途而废。妈妈的育儿压力随之直线上升……完全陷入了恶性循环之中。

为了打破这种恶性循环，妈妈有必要采取一种成熟的方法应对。就算爸爸回家晚了，也不要抱怨，而是在他回家早的时候对他说："最近工作很忙吧，真是辛苦了。到家了就放松点吧。"用类似的安慰话语来迎接他，营造出让人想尽快回到家的氛围。

这种时候说的话，是不是出自本意都没关系。因为如果爸爸不愿意回家，就没有其他更好的办法，先用这种甜蜜的氛围把他召唤回家比较重要。

Q 爸爸不管干什么都慢吞吞

也许是妈妈自己积攒了过多压力！ **A**

　　一个人如果产生"真是够了，他怎么做事老是慢吞吞"的感觉，一般可以分为两种情况：对方确实磨磨蹭蹭，或者自己过于着急。大多数时候都能对应得上这两种情况。

　　有时妈妈自己会变得有些急躁，可能是因为积累了过多的压力。育儿生活很容易形成压力，而当压力积累到一定程度后，对周围的忍耐度就会下降，不管是对孩子还是对爸爸都一样。

　　如果妈妈没有意识到自己身上积累的压力已经超

负荷，继续下去，在无意识中可能会把自己的压力投射到孩子和爸爸身上去。孩子和爸爸感受到压力后，可能会通过各种各样的问题行为来发出警报，导致妈妈的压力进一步增加。换句话说，带着过重的压力生活，就好似自己掐着自己的脖子那样难受。

如果你感到"最近好像压力有点大……"，请一定试着用自己喜欢的方式去释放压力。哪怕每天只有15分钟也可以，试着留出一定的时间给自己的兴趣爱好。有时也可以把孩子交给爸爸，妈妈和朋友们一起出去玩，或者全家人一起去唱卡拉OK也是不错的选择。

偶尔，也可以尝试和慢性子的爸爸保持同样的节奏，体验一下放松的感觉也不是坏事。

Q 爸爸最近好像有些烦躁

停止忍耐力大比拼！ A

你家爸爸是不是正处于过度忍耐状态呢？

"妈妈一直在努力照顾孩子，忍耐着不在自己的爱好上花时间，所以我也要忍住自己的爱好。"从感情上讲，爸爸能有类似的想法确实了不起，但实行起来会有些危险。

一旦陷入了这种想法，夫妻双方之间可能会在不知不觉间形成一种不成文的规定：如果对方在忍耐，自己就也要忍耐。

"对方在忍耐，所以自己也要忍耐"这种想法，反过来也可以理解为"如果对方不再忍耐，自己也就不需要再忍耐"。这并不是真正意义上的忍耐，只是毫无意义的"忍耐力比拼"而已。

一旦认为自己在忍耐，无意识中就会要求对方也要忍耐。一旦觉得对方的忍耐程度不及自己，就会觉得对方"狡猾"，无意识中开始萌生想要指责对方的情绪。就这样，双方的忍耐等级不断上升。

这种透不过气的生活，简直就像夫妻两人互相掐着对方的脖子一样，注定无法长久。在某个时刻某个地点，可能会以一件小事为契机爆发大矛盾，导致无法收场的局面。因此，夫妻之间切忌过度忍耐。

前面所举的例子，妈妈因为育儿忍耐着不把时间花到自己的爱好上时，爸爸与其想着"因为妈妈忍耐着没有花时间在爱好上，我也要忍耐"，不如想想"要怎么做才能让妈妈能有时间花在自己的爱好上"。能够如此去思考的爸爸在身心上都会更加健全。

如果爸爸和孩子能够两个人待在家里，妈妈就可以出门去花时间享受自己的爱好；或者当妈妈在家沉浸于自己的爱好时，爸爸可以带着孩子去游乐园玩耍。不要再互相掐着对方的脖子，不断提高忍耐等级了，**努力帮助对方实现爱好是很重要的**。

妈妈如果看到爸爸进入了忍耐模式，也可以试着对他说"偶尔出门玩玩怎么样""不用担心，继续经营你的爱好吧"这样的话。

如果他回答说："看到你这么努力，我怎么可以留下你一个人自己出去玩呢！"你可以和他说清楚："可是如果你一直这么忍耐下去，我也不得不继续忍耐下去呀。等你出门玩好回来，我也可以出去玩，到时候孩子就拜托你照顾了。"一开始听到这些话，爸爸也许会有些摸不着头脑，但慢慢地他就能理解到个中原委。

爸爸虽然干劲满满，但有些招人烦

表扬喜欢的行动，忽略不喜欢的行动 — **A**

　　爸爸能感受到自己作为父亲的骄傲并因此而努力固然值得感谢，但是如果他不停强调"我有在做事！"摆出一副帮了妈妈大忙的样子，在育儿和家务事上却净挑一些简单的事去做，爸爸的这种行为模式对妈妈来说只是一种帮了倒忙的好意而已。

　　对任何事情都会鼓足干劲的爸爸的确不在少数。有干劲固然是好事，但有时可能努力错了方向。

　　"你可别得意忘形了！"妈妈会想对爸爸说这样的话是

可以理解的，但也要认识到爸爸这么做并不是因为抱有恶意，而且就这么打击掉爸爸鼓起的干劲也挺浪费。**这种有些招人烦的干劲，将它往正确的方向引导才是更高境界的应对手段**。

那么，怎么做才好呢？

首先，对于爸爸那些不讨喜的言语和行动可以选择轻轻放过。即使他表现出等待被夸奖的样子，也请随便用一句"哦，是吗"应付过去，不必给予过多反应。相反，如果是你喜欢的言语和行动，请给出夸张的反应，如"好厉害！""不愧是你！"满脸笑容地说出这些简短的夸奖就足够了。

寻求他人关注的人，往往会根据他人评价的好坏来选择自己的行动方向。他们会减少得不到评价的言行，强化得到好评反馈的言行。此方法便是利用了这一原理。

只要坚持使用这个方法一段时间，爸爸让人郁闷的程度应该会有所下降。

Q 爸爸对妈妈的育儿方式指手画脚

接受夫妻双方育儿理念存在差异的现实 A

偶尔，有的爸爸一旦打开了爸爸角色的开关，就会开始阅读和育儿有关的书籍、杂志，到网上去收集最新的信息，并到处显摆自己学到的知识。

一开始，你可能会很开心，觉得这样的爸爸很可靠，不过这仅仅只是开始而已。最让人害怕的是，一旦妈妈在对孩子的照顾上稍有松懈，爸爸就开始横加指责，否定妈妈的育儿方式，甚至施以语言暴力。

对于妈妈来说，这当然不是什么好事。但如果此时回应爸爸说"那你自己来""烦死了"之类的话，双方可能会爆发一场激烈的争执。

　　被对方不停地指出问题，自己觉得烦躁的时候，请暂且先接受对方说出的意见，然后**把关注点放在"说话方式"上**，用"我知道你想说什么，但是你这种说话方式让我很受伤""总是用这种否定我的说话方式，我会变得没自信"之类的话**传达自己的感受**。

　　把关注点放在"说话方式"上之后，爸爸就不会觉得自己被反驳了，变得可以冷静地接受妈妈的意见。在此基础上，双方再用成年人的方式就各自的不同意见进行交流。

　　那么，双方的意见相差甚远的时候，

应该怎么办呢？这点我可以直接给出结论，那就是将这些意见束之高阁就行。

"妈妈和爸爸的育儿方式总会有几处不同。" 双方都不应该期待对方会用和自己完全相同的观念去养育孩子，而是应该做好接受对方做法的心理准备。

我们经常能听到这样的说法："夫妻双方在育儿方面的观念如果不够统一的话，会让孩子产生混乱。"事实上没有必要这么严格。无论夫妻双方的气场多么合得来，两个独立的个体想要在观念上完全契合也是不可能的事。

但在大致的方向性上应该保持一致。比如说夫妻双方达成"一起朝着那个目标努力"的共识。但是，具体如何达到那个目标，每个人都有自己喜欢的方式。

反过来想想，如果夫妻双方有着完全相同的价值观，他们的孩子便会原封不动地继承这一价值观，最终只会成长为一个父母的复制机器人而已。也就是说，正是因为夫妻双方的思考方式和育儿手法有所不同，才大大扩展了孩子未来发展的可能性。

在日常生活中，试着认同对方思考方式的不同，谨记"妈妈和爸爸的育儿方式总会有几处不同"这句话，就可以防止一些不必要的矛盾。

 爸爸开始任意妄为

只要不是危险的事就随便他

所谓爸爸的失控，换个角度来看，其实是他的自控系统正在运作。

如前文所述，"妈妈和爸爸的育儿方式总会有几处不同"，**就算爸爸开始使用自成一派的育儿方式，也请不要在意，尽管让他尝试便是**。妈妈好不容易用严格方式教育出来的孩子，却因为爸爸变得娇惯起来，或者恰好相反，这些情况时有发生。不过，也许这样反而可以形成一种不错的平衡状态。

爸爸在家务活上"暴走"的可能性也很大。主动把厨房里的东西整理一遍固然不错，但收拾完后有些东西反而不知道放哪儿去了；三下五除二把积攒的脏衣物洗了固然很好，但是一些不该放在一起洗的东西被混在一起洗……爸爸有时候会用这种任性的方式做家务。

如果这些行为并没有造成实际损害的话，请睁一只眼闭一只眼吧。重要的是不要形成一种"爸爸的方式VS妈妈的方式，必须选择一种方式"的对立氛围，而是要承认"哪一种方式都可以存在"，一旦把事情交给对方就别再指手画脚。

 爸爸一直待在家里，不出去挣钱

这种情况也会发生！

男人必须一直工作挣钱，这种说法并不绝对。如果生活能够正常运转，也应该允许男人不工作的情况存在。

万一出现了资金不足的情况，请不要被所谓的社会常理束缚，夫妻之间不妨讨论一下双

方所具有的赚钱能力，把这当作一次探索新生活方式的机会。

　　只要这样的家庭不断增加，**社会风气也会逐渐发生改变**。

5
是不是故障了？

处理失控、逃避等问题的方法

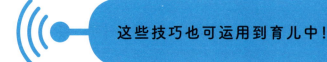

这些技巧也可运用到育儿中！

目前为止，我们学习了应对爸爸失控、逃避等情况的方法。"明明养育孩子已经很不容易了，为什么还非得为爸爸做到这种程度啊！"我的耳边似乎可以听到类似的批判声音。这些话说得都很有道理。

爸爸原本应该学会自己给自己进行"保养"，**爸爸状态不佳也绝不是妈妈的责任**。话虽如此，假如衣服的扣子哪里扣错了，比起置之不理将错就错，注意到这一状况之后主动去改善，从长远来看绝对是利大于弊的。

不仅如此，用在爸爸身上的沟通技巧，实际上也可以继续用在教育孩子上。

举例来说，当心中有所不满时，**孩子和爸爸一样，**

会通过异常行为发出 SOS 警报。在想要责备孩子"为什么要做这种事"时，不妨转变想法为"怎么才能让他不再做这种事"，类似的技巧今后也可以继续用在教育孩子上。对于喜欢的言行给予足够的关注进行强化，对于不喜欢的言行则轻飘飘地忽略，这种招数也一样可以用在孩子身上。

　　不管是孕期，还是刚生产后不久，如果妈妈能够在这些时候磨炼与爸爸的沟通技巧，此后也会更擅长和孩子交流。而且，因为身旁多了一位"自律的爸爸"，无论在身体上还是心理上，肯定能更游刃有余，能更从容地投入到养育孩子的工作中去。

这些技巧也可运用到社会生活中！

进一步来说，目前已介绍的沟通技巧，实际上是心理学中的"交流分析"和"断言"理论的应用。这些理论不限于家庭之中，对于社会上的常见人际关系也有十分高效的指导作用。戴尔·卡耐基在著名的《人性的弱点》一书中也写有类似的观点。

这些技巧，并不是为了单方面改变对方，而是试图建立起对双方都有益处的良好关系。笔者只是试图将这些技巧具体运用到正在为养育孩子而苦恼的爸爸妈妈们身上而已。如果这种技巧能够自然地在家庭之中使用，那么在不知不觉中，家庭之外的人际关系也会慢慢变好。

这个世界上不存在完美无缺的人，所有人身上或多或少都有不成熟和不完美的地方。如果忘记这个大前提，一味追求"应有的状态"，发表"正确的言论"，人与人之间的交流是无法顺利进行的。

也可以说，人类正是因为无论到几岁都有不成熟不完美的地方，所以才显得可爱。通过与家人之间吵吵闹闹的交流，慢慢增强接受他人不成熟与不完美之处的能力，由此可以感受到更多人的可爱之处。如此一来，自己的人生也会变得更加丰富多彩。

第 **6** 章

日常保养

夫妻平等的
陷阱及应对方法

"如虎添翼"背后的陷阱

关于爸爸使用方法的说明暂告一个段落。

想必爸爸们也在用自己的方式，相信自己能成为独当一面的爸爸，怀着"不输给妈妈"的积极向上的心态，在育儿、家务、工作等各个方面埋头努力着。

有了这么一个自律的爸爸作为伙伴，妈妈可算是如虎添翼，面对育儿生活也不用再害怕。

不过，最后还有一件事想让大家了解。

男性积极参加育儿工作，在社会上是很受欢迎的。因为这会带来以下好处：

· 减轻妈妈的负担
· 当妈妈露出笑容，孩子也会开怀大笑

·让育儿中的女性的生活方式变得更丰富

乍一看似乎全是优点，**但事实上其中也暗藏着陷阱**，但大家可能都没有注意到。

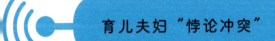

育儿夫妇"悖论冲突"

请设想以下场景。

你是某家中小企业的创始人兼经营者，对于自己的判断力和行动力都很有自信，正在努力引导公司朝着正确的方向发展，继续成长。这时，突然有一个和你一样热爱公司及员工的共同经营者出现了。

开始你很感激，因为"这样自己的重担就能减半了"。然而这一想法转瞬即逝，没过多久，你们之间的意见分歧逐渐增多。虽然希望公司能够越来越好这一目标相同，但是为此想出的经营战略却几乎完全相反。

你与共同经营者之间的关系渐渐恶化，最后甚至连开口交流也做不到了……

一人经营公司，虽然要独自承担很大的责任，但在承受压力的同时，也可以全凭自己的喜好自由经营。而共同经营者出现后，这一自由便不复存在了。

与之相似的场景在家庭中也会发生。

当妈妈以个人经营者的状态养育孩子时，所有时间上、物理上的负担都压在妈妈身上，妈妈会感到很辛苦。不过另一方面，妈妈也有按照自己的节奏以自己的喜好来安排所有工作这一优势。与之相反，爸爸开始主动照顾孩子后，原本应该满脸笑容的妈妈却开始眼神凝重眉头紧锁了。

这就是育儿夫妇"悖论冲突"。

爸爸说"养孩子的事就交给你了"，往消极的方向解释，是他不愿意负责，完全放任不管；但如果往积极的方向解释，也可以理解为"你养育孩子我放心"的意思。

有的妈妈对爸爸照顾孩子一事抱有很大的期望，同时也有不少妈妈希望爸爸不要插手，将育儿的工作全权委托给自己。

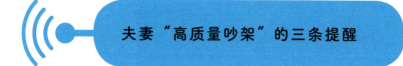
即使发生了矛盾，只要还在"爸爸的故障"范畴内，就不会有太大问题。不过一旦双方心中积累的忍耐都到达了极限，就几乎没有完美的解决方法可用了。

夫妻吵架往往在此时发生。

经常能听到"夫妻吵架狗都嫌"的说法，我倒觉得并没有这么糟糕。我甚至觉得比起完全不吵架的"和气"夫妻，擅长吵架的夫妻反而能过得更幸福。所谓吵架，是放下羞耻、抛弃成熟，将自己内心的愤怒完全释放出来。这是一种热情的证明，证明还想要让对方来了解自己。

不过，这里的重点在于"擅长吵架"。

有很多夫妻做不到这一点。他们没有优秀的吵架技巧，在吵架的时候往往浪费过多的能量，导致双方精疲力竭，以致对维护夫妻关系都变得厌烦，开始逃避吵架。这样一来，吵架的次数虽然减少了，但需要解决的问题却没有消失，只是被放在了一旁，并逐渐堆积如山。可能某天的一件小事就会导致这些问题被引爆，造成难以挽回的后果。

也就是说，**一旦夫妻之间连吵架的意愿也消失时，夫妻关系的崩溃也就进入读秒倒计时阶段了**。如果真变成这样可就糟了！所以，在此我想要介绍 3 种可以让你变得擅长夫妻吵架的方法。

 不 要 想 着 赢

夫妻吵架不是为了打败对方，而是为了吵完后能够增进彼此之间的理解。不是因为讨厌对方而吵架，而是希望对方能够更理解自己才吵架。

话虽如此，一旦开始吵架，都会不可避免地想要吵赢对方，让对方认输，硬要分个对错。

请仔细想一想：夫妻本就是命运共同体，就算分出了对错，双方也不会得到任何好处。吵架赢了，虽然在那一瞬间得到了优越感，但之后等待着你的，可能就是不知何时才会结束的沉默报复。

也就是说，夫妻吵架的第一要诀是"不要在乎输赢"。

 ②　和　好　之　前　不　要　停

吵架不可以半途而废，换而言之，一旦开始吵架，一定要吵到和好为止。

小学去远足的时候，校长们大概都发表过类似"回到家之前都算远足"这种演讲吧。夫妻吵架也是同理，在和好之前都算是在吵架。

也许你想说："和好就是最难的一步啊！"但事实并非如此。互相倾诉完心里话之后，先别想着强行得出结论，而是和对方握手拥抱，互相确认"即使意见不同，对方仍旧是无法被替代的存在"。这样，就是和好了。

在内心仍然生气的状态下和对方握手或者拥抱，大概会像强行让两块磁铁的 N 极合并在一起一样不舒服，有很强的抗拒感吧。所以这种时候，也没有必要强行要求自己真心实意，你大可以在心里想着明天早饭要吃点什么。

但是，只要这么做了，你就会发现，"**只要行动起来，心里的感受会自然而然跟上身体的行动**"。这便是迅速和好的窍门。

3　不要硬下结论

总之，想要尽快结束夫妻吵架，"不要硬下结论"这一点是很重要的。

一旦开始吵架，我们往往会想着"那要吵到什么时候结束呢"，或者想要一个"吵架的结果"。可是，在短时间内通过非理性的争吵得出双方都能够接受的结论，根本就是不可能实现的事。

如果想着要得出结论，那么无论争吵多久都不会停下来。强行想要得出结论，反而会导致"谈判"破裂。

再重复一遍，吵架的目的不是打败对方，而是寻求相互理解。所谓的相互理解，不是让自己去配合对方的价值观，也不是反过来要对方听从自己的价值观，而是单纯地让自己明白，对方是基于什么价值观做出了这些思考、判断和行动。做到这一点就足够了。

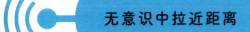

也就是说，**只要了解到对方的本意，那么吵架的目的也就达成了**。而目标达成也就意味着双方"和好"。

你肯定会想：这不是什么也没解决嘛！没关系，只要互相理解了对方的本意，就会有不可思议的事情发生。

无意识中拉近距离

夫妻吵架，就是为了让双方能够互相理解彼此的真心和本意，能够互相分享对问题的看法，认识并解决这些问题。只要双方互相理解了，不可思议的事情便会发生。从这一天开始，双方会在无意识中拉近距离。

举例来说，爸爸在外面喝酒，半夜 12 点才回到家，

夫妻平等的陷阱及应对方法

这时候妈妈责怪他："你好歹 11 点左右要回来了吧？"而爸爸也有反驳的理由："就我一个人中途走掉也不太好吧！"于是两人就开始吵架。

这种时候，常常能见到类似"11 点门禁"和"这怎么可能做到"之间的互相拉扯，以及类似"那么就各让一步，把回家时间定在 11 点半吧"的妥协策略。不过我建议还是尽量避免这类争吵为妙。

正如之前所说，夫妻双方应该先互相说清楚各自的想法。比如妈妈可以向爸爸说明为什么自己觉得 12 点回家不行而 11 点回家就没问题，而爸爸则可以向妈妈说明为什么这么晚才回家。这样一来，双方便可以把自己肚子里存着的话全部倾吐出来，争吵也就可以结束了。

过了几天，爸爸在 11 点 45 分就回到了家。也许他并不是因为意识到会被妈妈责怪而早回家，但确实也会自然而然地认为故意晚回家是没有必要的。而妈妈也觉得"之前想要说的话已经全部说清楚了，现在没有必要再啰唆"，于是不再有更多抱怨。又过了一段时间，发现爸爸 11 点 30 分就回到了家，于是妈妈迎接爸爸时也比平常多了一些笑容。第二天，爸爸在 11 点 15 分回到了家，妈妈便觉得"好吧，这个时间点差不多可以接受"。如此这般，夫妻关系便开始进入良性循环。

也就是说，**在本人都没有觉察到的时候，事情已经在一步一步朝着"合适的平衡点"发展，夫妻双方的关系也在无意识中越走越近了**。

心理学认为："人类 90% 的行为是在无意识中决定的。"

"对于自己来说最重要的那个人，原来正在思考这样的问题啊。"一旦给自己的大脑中导入了这一信息，我们便会以此为基准，在无意识中引导自己的行动。

吵架促使夫妻关系升华

我想大家应该有类似的经验——"几个月前有过激烈的争吵，在那之后虽然没有特意磨合过，但现在却不会想要再吵架了，这样也好"，这便是进化的证据。在无意识中拉近了双方的关系，把问题大事化小了。

"时间会解决一切"虽然也是原因之一，但**实际上是你们之间的"爱"在无意识中起了作用，随着时间的推移使双方慢慢靠近，在本人都没有意识到的时候"解决"了问题**。夫妻之间所拥有的"爱"越多，这一效果就越好。

人类在寻求解决问题的方法时，并不仅仅依靠大脑的思考。还有一种方式，即把大致的解决方向导入大脑，不做多余的思考，将自己交给无意识和时间。这便是所谓不仅用大脑而是用上自己的全身来进行思考的技术。

　　而且，就算把"无法避免的夫妻吵架"往后拖延，也不见得会有好事发生。**你需要鼓足勇气，把肚子里存着的话全部倾吐出来**。

　　夫妻之间通过争吵，将双方肚子里的话全部倾吐出来，共享双方想要解决的问题，加强夫妻间的理解和牵绊，由此夫妻之间的关系便可以得到升华。

日
常
保
养

夫
妻
平
等
的
陷
阱
及
应
对
方
法

夫妻吵架"基本法"

　　话虽如此，一旦开始吵架，双方都不可避免地会失去冷静。好不容易学到的"夫妻吵架技巧"也不知道被丢到了哪个角落，最终还是陷入"狗都嫌的夫妻吵架"。

　　为了防止事态发展到这一地步，夫妻在进入吵架的赛场前，应该先制定好双方都必须遵守的最低限度的规则。推荐以下 5 条规则。

不要像审问犯人一样

　　"本来就是你这个人……""究其原因……"这类话是禁语。

　　吵架虽然往往由眼前的问题引发，但一旦变得情绪化，就会说出类似"还不是因为你……才……""要是你没有……就……"的话，将责任推到对方身上，像是一定要揪出犯人那样。

可是这些话对解决问题没有任何帮助。

正如感冒的时候，比起寻找感冒的原因，先想办法治好感冒才是重点。吵架的时候也是一样，应该把焦点放在如何解决眼前的问题上，双方交流意见才是重点。

② 不要翻旧账

"那个时候你……"也是禁语。

吵架的话题开始慢慢改变，原本的问题被抛到一边，讨论越来越偏题。一旦说出"那个时候你……"这种话，对方往往会反击"你不也是，那个时候……"

这样的话，双方开始自掘坟墓（笑）。

一般来说，当"那个时候你……"这类台词说出口的时候，往往是想要吵赢对方这一心情占上风的时候。一旦争吵发展到这种阶段，便极有可能陷入泥潭之中，因此请务必克制自己。即使对方说了这类话，也请克制自己不要用类似的话反驳。

3　不要擅自退出赛场

"我不管了，随你的便！"擅自退出争吵的赛场更是大忌。

经常能见到类似的情况，双方吵得不可开交的时候，其中一人突然不愿意再待在现场，"嘭"的一声关上门离开。这么一来，被留下的那个人便会被巨大的孤独和无处发泄的愤怒包围。

更糟糕的是，一旦以这种方式与对方分别，下一次再见面时便不知道该以何种态度来面对对方，和好的时机也就渐行渐远。

离开争吵的赛场的时候，请先和对方确认"今天先到此为止吧"，在双方达成一致的基础上再离开。即使在所争论的话题上没有达成一致，只要双方能够在"今天先到此为止吧"这一点上达成一致，之后夫妻之间的隔阂基本上也是可以消除的。

开始兜圈子时先暂停

刚刚提到"不要擅自退出赛场"这一点，但是找到可以说出"今天先到此为止吧"这句话的合适时间点，也不是容易的事。

不用担心，有办法可以找到明确的时间点。

如果双方开始在同一个话题上兜圈子，就表明不用再将这一话题继续下去了。因为这说明将"肚子里存的话全部倾吐出来"这一目的已然达成。

"唉，这个话题，刚才已经说过了吧。"一旦发现话题已经开始重复绕圈子，那么请告诉对方："我想说的话已经全部说了，你呢？""那今天先到此为止吧。"在双方达成一致的基础上，这次吵架便可以结束了。

不是"能不能接受"，"想说的话有没有全部说出来"才是夫妻吵架能否结束的标志。

要保持日常对话

即便完全不能接受结果，一旦像上述那样暂时停止了吵架，之后就请和平常一样互相打招呼吧。请一如往常地和对方说"早上好""谢谢""路上小心"等问候语。如果不这么做，一旦开始互相无视，便会陷入长时间的剑拔弩张状态。

只要**保持日常对话，双方就能更早回归正常的关系**。这时也可以把孩子当作共同的话题。请不要过度制造紧张氛围，互相约定即使吵完架也要像平常那样和对方说话。

也许心里还是会有一些隔阂，但是请你想着，在同一屋檐下，每天能有人陪着一起生活，可以互相说"早上好""一路小心""谢谢"等问候，单是这一点便算得上幸福了。

以前经常有这样的说法："夫妻吵架会让孩子觉得不安，所以夫妻吵架不能让孩子看到。"这种"乍一看正确的言论"，往往是以"吵架是坏事"这一默认前提为背景的。但事实果真如此吗？

那些"糟糕的吵架"确实还是回避孩子比较好，让孩子眼睁睁地看着自己的父母如此争吵，只会增加他们的痛苦回忆而已。不过，如果是"高质量的夫妻吵架"，那让孩子看看也无妨。不，应该说要让孩子经常看看才好。因为**孩子看了"高质量的夫妻吵架"后，可以学到很多重要的东西**。

首先，孩子可以看到吵架过程及沟通技巧。"原来吵架是这么吵的""就算吵架了，之后和好就行"，这些道理不用通过说教，让孩子自己亲眼看到，自己理解就好。这些事情，除了自己的父母外还有谁能教给他们呢？

看着父母之间的争论，孩子也可以学到"每个人都可以有自己看待事物的方式；人是可以接受与他人之间的不同，并且学会互相尊重的"，了解到人与人之间既会互相争论，又能互相帮助，是可以合作的。

更进一步讲，夫妻之间激烈争吵后，第二天仍旧能够一如既往地互相问候，甚至比之前更加相爱。孩子看到了这样的爸爸妈妈，可能也会想到"夫妻之间真好啊""男人和女人相爱原来是这么一回事""原来信赖关系并不总是和和气气的样子，而是可以互相倾诉想说的事"。

只要孩子在这方面有了比较丰富的经验，那么偶尔看到几次夫妻吵架也不会感到不安吧。这样的孩子甚至大概率会成长为一个能够信赖他人、爱他人、爽

快直率的人。他的心中会种下一个强大的信念，即"只要真诚待人，你的心意一定能传达给别人"。

这一切都是构筑健全人际关系所不可缺少的要素。

能够亲眼见证爸爸和妈妈这种充满人情味的人际关系的孩子，将来在和朋友吵架时，也不会轻易说出绝交的话；即使在公司被上司批评了，也不会随随便便辞职。

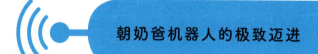

朝奶爸机器人的极致迈进

即便是"狗都嫌的夫妻吵架"，只要好好操作也能变成教育孩子的"优秀教材"。我认为，这一点便是**妈妈与爸爸协力养育孩子的最大优势**。

　　所以说，擅长给孩子洗澡和擅长做饭固然重要，但对于爸爸来说，更重要的是能不能和妈妈进行对等的高质量的吵架。

　　只有学会吵架，这一被称为"终极自律奶爸机器人"的爸爸才算真正地达成。啊，到了这一步，爸爸早已超过了"高性能全自动育儿机器人"这一定义了。作为无可替代的一生的伴侣，爸爸已经成为妈妈无论什么时候都可以放心依靠的存在。现在你一定发自内心地认为"能和这个人结婚实在是太棒了"吧。

　　而我也要向为了构筑这一关系而付出许多努力的妈妈们，献上真心的赞美。

结 语

　　书中的很多内容都是单方面地向妈妈提出请求，希望妈妈能为爸爸提供方便。在此，感谢各位能一直看到最后。

　　书中净是一些迎难而上的问题，即便如此，大家还能读到最后，我非常敬佩各位的耐心。各位妈妈如此为爸爸着想，对爸爸的爱意竟然达到这种程度，想必别人看到也会觉得有些嫉妒吧。

　　我自己在提笔写作的过程中似乎也在耳边听到妈妈们的呼声："光照顾孩子就很辛苦了，为什么还必须要照顾爸爸呢！"这种时候，作为爸爸们的代表，我总觉得很对不起妈妈们。

可是即使如此，最后，我还是有一件事想要传达给各位。

其实爸爸们也正在用自己的方式去理解妈妈们，帮助妈妈们。

但他们出于好意做的事却被妈妈们否定，因此不知道如何是好，于是往"爸爸的烦恼倾诉街"网站里发邮件，希望能得到建议。这种爸爸的数量是很庞大的。

确实，爸爸们总是很难完全按照妈妈们的要求行动。即使如此，**他们也并不是完全不经思考地在做事**。在爸爸们的心中，也有一本自己的"妈妈使用说明"。

虽然这本书的表达方式也是"妈妈发动爸爸干活"，但**妈妈和爸爸应该是互相"施加影响"的关系**。爸爸们偶尔也能在妈妈们没有注意到的地方出几把力。

可能在很长一段时间里，我们都会被五花八门的琐事所烦扰，但只要能时常想起这件事就已足够。

经历了充满喜怒哀乐的育儿生活后，夫妻之间的牵绊会进一步加深，即便孩子长大了，这些牵绊也一定会成为夫妻二人一生的宝藏。

最后，虽然知道或许有些多管闲事，但我依旧衷心祝愿全世界的妈妈都能够和爸爸一起哭泣，一起欢笑，一起争吵，一起相爱。育儿生活虽然刚刚开始，但其实结束也远比想象中的快，希望诸位都能鼓足勇气一起向前。

太田敏正